DIREITO PENAL DO INUMANO

COLEÇÃO FÓRUM
DIREITOS HUMANOS

COLEÇÃO FÓRUM
DIREITOS HUMANOS

MIREILLE DELMAS-MARTY

Renata Reverendo Vidal Kawano Nagamine
Tradução

Cláudia Perrone-Moisés e Kathia Martin-Chenut
Prefácio

DIREITO PENAL DO INUMANO

| 6 |

Belo Horizonte

2014

© 2014 Editora Fórum Ltda.

É proibida a reprodução total ou parcial desta obra, por qualquer meio eletrônico, inclusive por processos xerográficos, sem autorização expressa do Editor.

Conselho Editorial

Adilson Abreu Dallari
Alécia Paolucci Nogueira Bicalho
Alexandre Coutinho Pagliarini
André Ramos Tavares
Carlos Ayres Britto
Carlos Mário da Silva Velloso
Cármen Lúcia Antunes Rocha
Cesar Augusto Guimarães Pereira
Clovis Beznos
Cristiana Fortini
Dinorá Adelaide Musetti Grotti
Diogo de Figueiredo Moreira Neto
Egon Bockmann Moreira
Emerson Gabardo
Fabrício Motta
Fernando Rossi

Flávio Henrique Unes Pereira
Floriano de Azevedo Marques Neto
Gustavo Justino de Oliveira
Inês Virgínia Prado Soares
Jorge Ulisses Jacoby Fernandes
Juarez Freitas
Luciano Ferraz
Lúcio Delfino
Marcia Carla Pereira Ribeiro
Márcio Cammarosano
Marcos Ehrhardt Jr.
Maria Sylvia Zanella Di Pietro
Ney José de Freitas
Oswaldo Othon de Pontes Saraiva Filho
Paulo Modesto
Romeu Felipe Bacellar Filho
Sérgio Guerra

Luís Cláudio Rodrigues Ferreira
Presidente e Editor

Supervisão editorial: Marcelo Belico
Revisão: Marilane Casorla
Bibliotecária: Tatiana Augusta Duarte de Oliveira – CRB 2842 – 6ª Região
Capa: Derval Braga
Projeto gráfico e diagramação: Walter Santos

Av. Afonso Pena, 2770 – 16º andar – Funcionários – CEP 30130-007
Belo Horizonte – Minas Gerais – Tel.: (31) 2121.4900 / 2121.4949
www.editoraforum.com.br – editoraforum@editoraforum.com.br

D359d   Delmas-Marty, Mireille

Direito penal do inumano / Mireille Delmas-Marty. Tradução Renata Reverendo Vidal Kawano Nagamine; prefácio Cláudia Perrone-Moisés; Kathia Martin-Chenut. Belo Horizonte: Fórum, 2014. (Coleção Fórum de Direitos Humanos, 6).

110 p.
(Coleção Fórum de Direitos Humanos; v. 6)
ISBN 978-85-7700-865-0 (Coleção)
ISBN 978-85-7700-878-0

1. Direitos humanos. 2. Relações internacionais. 3. Direito internacional penal. I. Nagamine, Renata Reverendo Vidal Kawano. II. Perrone-Moisés, Cláudia. III. Martin-Chenut, Kathia.

CDD: 341.27
CDU: 342.7

Informação bibliográfica deste livro, conforme a NBR 6023:2002 da Associação Brasileira de Normas Técnicas (ABNT):

DELMAS-MARTY, Mireille. *Direito penal do inumano*. Belo Horizonte: Fórum, 2014. 110 p. (Coleção Fórum de Direitos Humanos, 6).

SUMÁRIO

PREFÁCIO
Cláudia Perrone-Moisés, Kathia Martin-Chenut 7

SEMINÁRIO – "DIREITO PENAL DO INUMANO" 11
1   O paradoxo penal..11
1.1   O universalismo do sofrimento 14
1.1.1   Violência e figura do mal? 14
1.1.2   Massacres e negação da humanidade 16
1.2   O relativismo penal...18
1.2.1   Relativismo cultural..19
1.2.2   Relativismo político 21
1.3   Em direção a um direito penal do inumano?...................23
1.3.1   A fundação de uma comunidade mundial.......................24
1.3.2   Uma internacionalização seletiva 25
2   Interditar/justificar – Três paradigmas 28
2.1   O paradigma do crime de guerra – Limitar o inumano....31
2.2   Universalismo na definição do interdito 32
2.2.1   O efeito de embaralhamento por acumulação................33
2.2.2   O significado comum do interdito 36
2.3   Relativismo na efetivação 39
2.3.1   Renacionalização..39
2.3.2   Inadequação...42
3   O paradigma da guerra contra o crime – Legitimar o inumano? 46
3.1   Militarização do direito penal nacional 47
3.1.1   Empréstimos à lógica da guerra 48
3.1.2   Um buraco negro no Estado de Direito? 50
3.2   Renacionalização dos valores...55
3.2.1   Estender a legítima defesa ao terrorismo 57
3.2.2   Reconstruir a relação entre terrorismo e tortura 59
4   O paradigma do crime contra a humanidade – Construir a humanidade como valor 63
4.1   Um interdito em extensão...66
4.1.1   O tempo do interdito 66
4.1.2   O conteúdo do interdito...69
4.2   Um paradigma a construir 76
4.2.1   Humanidade-valor 76
4.2.2   Questões emergentes..79

VIOLÊNCIA E MASSACRE – ENTRE DIREITO PENAL DO
INIMIGO E DIREITO PENAL DO INUMANO 83
1   Preliminar – Ambivalência da violência e especificidade dos
    massacres 84
2   Relativismo das respostas penais – A tentação do direito penal
    do inimigo 87
3   Em direção ao direito penal do inumano – As condições de um
    modelo universalizável 91

POSFÁCIO – DIÁLOGO COM MIREILLE DELMAS-MARTY,
EM SÃO PAULO, 11 DE OUTUBRO DE 2007, OU A BUSCA
PELOS FUNDAMENTOS DO DIREITO PÓS-MODERNO
Paulo Borba Casella 97

PREFÁCIO

François Ost, em texto intitulado *Mireille Delmas-Marty ou o poder do espírito utópico*,[1] lembra que é necessário distinguir a *utopia* do *espírito utópico*. De acordo com o filósofo, enquanto a utopia corre o risco de alienar-se na positividade de seus projetos, o espírito utópico mantém viva a exigência crítica, inclusive em relação a suas próprias proposições. Os trabalhos de Mireille Delmas-Marty inserem-se na segunda perspectiva. Esse espírito utópico pode ser avaliado a partir de títulos como: *O sonho de um direito comum* ou *A invenção da humanidade*. Como lembra Ost: "Sonhar e inventar, convenhamos que não se trata de vocabulário tradicional dos juristas". Podemos pensar também no que Kant afirmava em relação ao pensamento, que serve para que a imaginação não sonhe, mas que invente, sob a severa vigilância da razão. Lembremos também de Hannah Arendt, para quem a imaginação tem papel fundamental, pois atua como uma ponte entre o pensar e o julgar. Na visão de Mireille Delmas-Marty, a imaginação está sempre mobilizada para pensar o direito. Essa imaginação (*Les Forces Imaginantes du Droit*)[2] provém de sua consideração especial pelas artes, em especial as artes plásticas, em relação as quais a autora tem interesse e dedicação especiais. Como ela diz: "eu me pergunto se minhas aspirações pela arte é que desenvolveram em mim esse gosto de estudar o que ainda não existe e favoreceram uma pesquisa onde a imaginação se torna necessária e até mesmo essencial". O imaginário utópico de Mireille Delmas-Marty tem o poder de aumentar os horizontes e fazer surgir novas realidades, resistindo ao dogmatismo jurídico. Mas ao mesmo tempo em que efetua a crítica do direito, colocando em evidência seus limites, é no próprio direito que busca as promessas de avanços.

Visionária, consagrou sua atenção ao estudo de disciplinas em formação e contribuiu, não somente para a consolidação destas no

---

[1] OST, F. Mireille Delmas-Marty, ou la puissance de l'esprit d'utopie. In: *Mireille Delmas-Marty et les années UMR*. Paris: SLC, 2005. p. 41-55.
[2] Título dos cursos ministrados no Collège de France entre 2004 e 2008, publicados em quatro tomos: DELMAS-MARTY, M. *Les forces imaginantes du droit*. t. I - Le relatif et l'universel (Paris: Seuil 2004); t. II - Le pluralisme ordonné (Paris: Seuil, 2006); t. III - La refondation des pouvoirs (Paris: Seuil, 2007) e t. IV - Vers une communauté de valeurs (Paris: Seuil, 2011).

plano acadêmico, mas igualmente para sua implementação nas esferas nacional, regional e mundial. Quanto à esfera nacional, no final dos anos 1980, presidiu a Comissão de Reforma do Código Penal francês, denominada "Justiça penal e direitos humanos". A penetração do direito internacional dos direitos humanos, notadamente da Convenção Europeia e da jurisprudência da Corte Europeia de Direitos Humanos, no direito penal francês aparece como uma das principais preocupações. A primeira condenação da França pela Corte Europeia de Direitos Humanos era ainda muito recente (1986), e pouquíssimos juristas se interessavam pelo tema. Muito avançada para a sua época, parte de suas proposições foram inseridas no direito francês somente em 2000, dez anos após o término dos trabalhos da Comissão. Quase vinte anos após a publicação do relatório produzido por essa Comissão,[3] suas propostas ainda são de atualidade e integram projetos recentes de reforma do direito penal francês. Quanto à esfera regional, Mireille Delmas-Marty participa dos trabalhos de construção de um direito penal comunitário.[4] Enfim, na esfera mundial, não podemos esquecer sua participação nos diversos processos de criação de jurisdições penais internacionais. Sendo sua primeira especialidade o direito penal, ela se interroga sobre o papel ético que essa disciplina pode exercer na "mundialização",[5] contribuindo para atenuar a contradição existente entre globalização econômica e a universalidade dos direitos humanos.

Após uma brilhante carreira universitária, a autora foi eleita professora do Collège de France em 2002 e dirigiu, até 2011, a Cátedra "Estudos Jurídicos Comparados e Internacionalização do Direito". Sua obra é dominada pela tensão entre o universal e o relativo. Os dois primeiros anos de seu curso foram consagrados às fraquezas do universalismo jurídico (conceitos vagos, valores em conflito, normas sem efetividade) e aos limites do relativismo, o qual leva a um soberanismo exacerbado e não traz soluções para os problemas planetários. Ela se interroga sobre como ultrapassar a clivagem binária entre o relativo e o universal e construir uma comunidade de valores, sobre os meios de uma conciliação entre o universalismo proclamado pela

---

[3] *La mise en état des affaires pénales.* Paris: La documentation française, 1991.
[4] Por sua participação no projeto de *Corpus Juris* e no Comitê de Vigilância do Ofício Europeu de Luta Antifraude (OLAF).
[5] DELMAS-MARTY, M. O direito penal como ética da mundialização. *Revista Portuguesa de Ciência Criminal*, Coimbra, v. 14, n. 3, p. 287-304, jul./set. 2004. Conferência apresentada no XIII Congresso Mundial de Criminologia da Société Internationale de Criminologie, Rio de Janeiro, 10-15 de agosto de 2003. Tradução da versão francesa de Inês Horta Pinto.

Declaração Universal de Direitos Humanos de 1948 e o relativismo consagrado pela Convenção da Unesco sobre a diversidade cultural, de 2005. Entre as pistas de resposta aos seus questionamentos, surge o que ela denomina "interditos fundadores", pois a maior parte das comunidades se constitui em torno de "interditos" tanto simbólicos como jurídicos.

Este livro, resultado de um seminário proferido na Faculdade de Direito da Universidade de São Paulo em 2007, se insere em seu curso no Collège de France, *Vers une communauté des Valeurs? – Les Interdits fondateurs* (2006/2007). Busca-se identificar a universalização do humano, através do que é considerado inumano. O negativo (inumano) torna-se revelador do positivo (uma comunidade humana mundial). Partindo da ideia de que a internacionalização penal pode contribuir para a elaboração de valores comuns, lembra, no entanto, que um direito penal mundial em gestação exprime uma ética ambígua e de aplicação variável. A ambiguidade deriva de um discurso penal que é, ao mesmo tempo, securitário e humanista, aliando a função instrumental, por meio da cooperação internacional em face da criminalidade transnacional, à função simbólica baseada na vontade de proteger valores comuns da humanidade. No que diz respeito à aplicação variável, a ideia de uma justiça penal mundial envolve em sua aplicação, em particular, o problema da seletividade baseada no poder dos atores envolvidos. Para Mireille Delmas-Marty, a transformação da comunidade internacional em uma comunidade humana, fundada em valores comuns, a partir dos "interditos fundadores", é seletiva e variável, pois decorre de dois pares conflitantes: proibir/justificar e punir/perdoar. No que diz respeito à primeira dicotomia, a autora analisa neste livro, *Direito penal do inumano*, três paradigmas de nossa época em relação aos crimes internacionais: os crimes de guerra (limitar o inumano), a "guerra contra o crime" — palavra de ordem reativada em matéria de terrorismo a partir dos atentados de 11 de setembro de 2001 — (legitimar o inumano) e o crime contra a humanidade (construir a humanidade como valor). Quanto à dicotomia punir/perdoar, existem três debates importantes em torno da questão, que exprime a relação entre justiça e paz social: encontrar um equilíbrio entre responsabilidade e impunidade; identificar os responsáveis pelas transgressões e verificar a cadeia de responsabilidade nos crimes internacionais. *Cabe determinar se entendemos privilegiar a paz (ordem política), a solidariedade (ordem social) ou a punição (ordem jurídico-moral). Dependendo da resposta, o equilíbrio será diferente entre a responsabilidade e impunidade, entre competência nacional e internacional, ou ainda entre a punição e outras formas de sanção (reparação, conciliação).*

Na sequência de suas reflexões, seu curso *Vers une communauté des Valeurs? – Les droits fondamentaux* (2007/2008) inicia-se da seguinte forma: "em nossa busca de valores comuns, partimos de uma intuição: identificamos mais facilmente o que choca a consciência da humanidade do que o que lhe agrada. Escolhemos, assim, começar pela face mais sombria, a dos interditos fundadores, aqueles cuja violação caracteriza os crimes de vocação universal". A conclusão a que se chega em relação à existência, hoje, de uma comunidade baseada em interditos comuns (crimes internacionais) é provisória, pois, segundo a autora, a comunidade mundial constrói-se sem fundações (bases fixas e estáveis) e é precisamente o caráter dinâmico e evolutivo dessa construção que integra as variáveis do tempo e do espaço, que poderá evitar o que ela chama de "fundamentalismo jurídico". *Abandonamos, assim, a ideia de um edifício construído sobre fundações que se querem definitivas. Daí o enigma desta comunidade mundial que, para tornar-se inter/humana e não apenas inter/estatal, constrói-se sem fundamentos prévios.*

Este livro contém, além do seminário proferido em 2007 na Faculdade de Direito da Universidade de São Paulo, um artigo publicado posteriormente, no qual são retomados os principais temas tratados ao longo do curso e que constitui uma conclusão para essa etapa de suas reflexões. O texto apresentado por Paulo Borba Casella durante o curso, inserido aqui como posfácio, sugere um diálogo instigante com o pensamento da autora. Esperamos com esta publicação fortalecer a disseminação do pensamento dessa jurista, que vem contribuindo de forma original para a reflexão dos grandes temas contemporâneos, tornando acessível ao público de língua portuguesa mais uma de suas importantes obras.

Cláudia Perrone-Moisés
Professora Associada do Departamento de Direito Internacional e Comparado da Faculdade de Direito da USP.

Kathia Martin-Chenut
Pesquisadora do *Centre National de la Recherche Scientifique Scientique* (CNRS/UMR PRISME).

SEMINÁRIO
"DIREITO PENAL DO INUMANO"

1 O paradoxo penal

Em 1998 três escritores, Wole Soyinka, Patrick Chamoiseau e Edouard Glissant, publicaram um apelo assim redigido: "nós pedimos que os não ditos da nossa história sejam esconjurados, para que entremos todos juntos e libertos no Mundo-Todo. Juntos também, nomeemos o tráfico e a escravidão perpetrados nas Américas crime contra a humanidade".[1] Propondo "esconjurar os não ditos da história", os autores do apelo não fizeram um retorno ao passado, mas deram um passo em direção ao futuro. Trata-se de encontrar uma linguagem comum para "todos entrarem juntos e libertos" nisso que emerge sob os olhos deles, sob os nossos olhos, como "outra região do mundo". Se o interdito[2] do crime "contra a humanidade" tem vocação unificadora, o Mundo-Todo, tal qual eles o imaginam, não é um mundo unificado. Bem o contrário: "apenas a diferença será universal", escreve também Glissant. Nós estamos, portanto, diante de um imenso desafio, de uma

---

[1] E. Glissant, *Une nouvelle région du monde*, p. 20, cf. p. 131.
[2] Nos ensaios aqui reunidos, *interdito* traduz o francês *interdit*. Consideramos que o emprego deste termo pela autora, penalista de origem e cujo esmero filológico transparece neste parágrafo — em que *interdito* aparentemente se contrapõe a *não dito* — e em outros que se seguem, não é aleatório; ao contrário, cumpre uma função precisa na economia do texto. Essa função consiste na evocação do papel da linguagem e do diálogo na incriminação de determinadas condutas em geral e daquelas que integram os crimes contra a humanidade em particular. Mais especificamente, nossa autora parece recomendar-nos não perder de vista que certas condutas tornam-se crimes porque assim se diz delas em meio a dada comunidade: assim é dito entre os seus membros, portanto, *interdito*. Com base nessas mesmas considerações, *interditar* traduz o francês *interdire*, e, apesar delas, traduzimos *interdiction* por *proibição*, em vez de *interdição*, que já se afasta dos nossos *dito, dizer, ditar* e remete a um instituto jurídico específico. (N. T.)

muralha que apenas se poderá ultrapassar situando inicialmente o interdito do crime em meio aos outros interditos.

Todo interdito faz com que se passe do primeiro nível da ética, o nível do prontamente universal (é mal aquilo que faz mal), ao segundo, aquele em que as experiências do prazer e do sofrimento, trabalhadas pela história de cada povo e perpassadas pela geografia, são constituídas e estruturadas em sistemas de valores extremamente diversificados.

Essa função fundadora — constituir e estruturar as diversas comunidades humanas em torno de valores — não é própria ao direito, mas o direito lhe confere o significado e a força que faltam aos outros sistemas normativos mediante a interposição de um princípio terceiro que lhe é próprio (função dogmática). Certamente, o direito pode servir a fins diversos, mas, à medida que o interdito jurídico se destaca das suas origens religiosas, ele subordina o poder e a técnica a uma razão humana, escreve Alain Supiot. Desde que não se identifique *uma* razão com *a* razão, pode-se, com efeito, pensar, como ele, que é

> tão falso reduzi-lo [o direito] a uma técnica vazia de significado, como se tende a fazer hoje, quanto relacioná-lo com as regras, reputadas imóveis, de um suposto Direito Natural, como se fazia ontem: pois que em todo caso falta o essencial, que é a capacidade do direito de tornar razoáveis as mais diversas formas do poder político ou do poderio técnico.[3]

Ora, essa capacidade de "tornar razoáveis" as práticas humanas está particularmente presente no direito penal, a ponto de sugerir que o interdito penal teria maior vocação para ser "fundador" de todos os interditos jurídicos. Perde-se um pouco de vista essa vocação com o "bordão gerencial do controle social",[4] que invadiu os discursos sobre um sistema penal que se pretende "avaliar" com o auxílio de estatísticas relativas ao número de crimes e ao índice de penas, esquecendo que a diferença entre mensurar e "avaliar" consiste precisamente na referência a valores, e não a dados quantificáveis.

E, no entanto, não se deve esquecer que o direito *penal* também se diz direito *criminal*. Malgrado a sua ambiguidade — mas no fundo ela incita à vigilância em face dos excessos da razão —, o segundo adjetivo (direito *criminal*) tem o mérito de sublinhar a função expressiva

---

[3] A. Supiot, *Homo juridicus. Essai sur la fonction anthropologique du droit*, p. 82, igualmente, p. 30. [A. Supiot. *Homo juridicus*: ensaio sobre a função antropológica do direito. Tradução de Maria Ermantina de Almeida Prado Galvão. São Paulo: WMF Martins Fontes, 2007].

[4] P. Legendre, *Le crime du capitaine Lortie*, Paris: Fayard, 1989, p. 18.

do direito penal, precisamente aquela que remete aos valores cuja violação demanda sanção. Ele lembra que, antes de punir, deve-se incriminar, ou seja, nomear o crime, e nomeando-o, separá-lo dos outros comportamentos: a raiz grega *krima* (em latim *crimen*) vem do verbo *krinein*, que quer dizer *separar, fazer uma triagem, escolher*, depois, *distinguir*, daí, *acusar, pronunciar um julgamento*.

Nomeando a escravidão como "crime contra a humanidade", o direito penal, que parecia o menos universalizável de todos, encontra-se, paradoxalmente, na linha de frente dessa escalada em direção ao universal, que prepara a passagem para o terceiro nível da ética.

Em vista de esclarecer a pesquisa das condições segundo as quais o direito penal poderia fundar, de uma só vez, a diversidade e o universalismo dos valores, consagramos um Seminário, neste ano letivo, ao império chinês.[5] O desvio é apenas aparente, pois que o exemplo chinês mostra como a função historicamente fundadora do direito penal nacional é ao mesmo tempo um modelo e um obstáculo para a função de vanguarda de um futuro direito penal mundial.

Um modelo, pois que a China organizou-se muito rapidamente em torno de um Código Penal elaborado o bastante para cumprir uma função ao mesmo tempo constitutiva e estruturante. Jérôme Bourgon expôs como, durante séculos, até o desaparecimento do império, o direito penal chinês constituiu o Estado em torno do imperador e estruturou os valores no âmbito da sociedade chinesa.

Mas esse modelo também opõe um obstáculo, dado que o direito penal imperial era sobretudo chinês e preocupava-se muito pouco com o universalismo dos seus valores, a não ser para impô-los aos povos submetidos ao imperador. O universalismo foi, porém, invocado no ocaso do império, numa China enfraquecida pelas potências ocidentais e transformada em semicolônia, quando reformadores como Shen Jiaben propuseram uma fusão com o direito ocidental, com o objetivo de simultaneamente modernizar o direito chinês e recuperar a autonomia jurisdicional nas concessões estrangeiras. Vê-se assim que,

---

[5] Diversos seminários são organizados pela cátedra de Estudos Jurídicos Comparativos e Internacionalização do Direito do Collège de France, entre os quais a autora se refere, neste Seminário, ao de J. Bourgon, *Le paradoxe penal*; de H. Ascensio, *Le paradigme du crime de guerre: limiter l'inhumain*; e ao curso de L. Neyret, *Le paradigme des crimes contre l'humanité: construire l'humanité comme valeur*, todos ministrados no período de 2006 a 2007. Neste mesmo período Delmas-Marty ministrou o curso *Les forces imaginantes du droit IV. Vers une communauté de valeurs: les interdits fondateurs* e organizou o seminário *Peine de mort et suicide en Chine: passe, présent, comparaisons*, ora mencionado, em parceria com o Professor Pierre Etienne Will, da cátedra de História da China Moderna. (N. T.)

quando humanização rima com ocidentalização, *achinezação* e, mesmo, islamização,⁶ o modelo torna-se um obstáculo que oferece o risco de provocar as rejeições que conhecemos muito bem.

Em suma, para fundar a humanidade é preciso associar as humanidades. Para tornar-se verdadeiramente fundador da comunidade humana, o direito internacional penal deverá levar em conta as comunidades na sua diversidade, sem esquecer que ele é, ademais, uma resposta aos sofrimentos em sua universalidade.

Eu formularia assim, então, o "paradoxo penal" que gostaria de explorar neste curso. É porque atravessa os três níveis da ética que o interdito penal torna-se a referência em torno da qual os valores comuns podem se construir: *porque* ele é uma resposta, por mais imperfeita que seja, ao *universalismo do sofrimento* — é mal aquilo que faz mal —; mas também em razão do *relativismo penal*, logo, *porque* o direito penal é o menos universalizável dos sistemas de direito, uma vez que continua próximo das representações fundadoras de toda comunidade em torno do poder, da vida e da morte, do sexo, da apropriação e da partilha de bens; enfim *porque*, reativado pelo sofrimento, o direito penal está no coração de uma internacionalização seletiva que poderia anunciar o esboço de um futuro *direito penal do inumano*.

1.1 O universalismo do sofrimento

Se o sofrimento permite designar a vítima, ele não fornece a chave para qualificar o autor "daquilo" que faz mal. Para passar do sofrimento da vítima aos conceitos, como culpa ou responsabilidade, que pressupõem um julgamento, moral ou judiciário, seria preciso associar toda violência à figura do mal.

1.1.1 Violência e figura do mal?

Certamente a violência tem algo a ver com o sofrimento: "Chamemos de violência todo constrangimento de natureza física ou psíquica suscetível de infligir o terror, o deslocamento, o infortúnio, o sofrimento ou a morte de um ser animado".⁷

---

⁶ O. Yasuaki, 'When was the Law of International Society born?: An inquiry of the History International Law from an Intercivilizational perspective', *Journal of the History of International Law* 2:1-66, 2000.

⁷ F. Héritier, 'Réflexions pour nourrir la réflexion' in *De la violence, I*, Paris: Odile Jacob, 2005, p. 17.

E, sem dúvida, deve-se admitir o universalismo da violência humana. Jean Guilaine explica que a guerra pré-histórica, com frequência tomada como uma atividade menor, muito episódica, foi amplamente subestimada. Se os pré-históricos eram vistos "como pessoas fundamentalmente pacíficas",[8] é porque, no ocaso da Era Paleolítica, a população mundial não alcançava mais do que dois a três milhões de habitantes. Logo, pode-se pensar que reinava a cooperação, porque ela era necessária à sobrevivência, e que a solidariedade compensava a impotência do indivíduo isolado. As escavações revelaram, porém, o lugar central da guerra nas sociedades pré-estatais, as quais haviam sido imaginadas pacifistas: uma pesquisa recente que concerne a dez sociedades de caçadores e coletores mostrou que duas delas se enfrentavam constantemente, outras cinco, de forma episódica e as três últimas, raramente ou nunca.[9] Constatando que a morte é raríssima em meio aos símios antropoides, nossos primos mais próximos, Guilaine junta-se a Pierre Clastres para considerar que a guerra primitiva, "pela sua universalidade, não faz sinal para a natureza, e sim para a cultura". Dito de outro modo, a guerra se inscreveria mais no processo de humanização do que no de hominização. Seu objetivo teria sido a dispersão, pois que essas populações, escreve ele, "tinham uma tendência à fragmentação, e não à unificação; elas eram sedentas de independência, e não de centralização". Ele vê nelas uma "lógica da diferença, de sorte que a desigualdade, a divisão, a exploração por uma estrutura superior (o Estado) são sistematicamente confrontadas".[10]

Em suma, a violência seria fundadora tanto quanto destruidora, comum às sociedades humanas; ela as religa tanto quanto as opõe, como exprime Heráclito, pela sua fórmula enigmática (*ton polemon eonta ksunon*).[11] É por isso que parece difícil associar toda violência à figura do mal. De resto, "não é certo que esse seja um conceito unitário".[12] Uns lembram, para além da ironia de Friedrich Nietzsche ou de Michel Foucault ("é bom que não se pratique violência a ninguém, não se ofenda ninguém, não ataque ninguém"), que "o trabalho, sempre

---

[8] J. Guilaine e J. Zammit, *Le sentier de la guerre. Visages de la violence préhistorique*, Paris: Seuil, 2001, p. 9.
[9] *Ibidem*, p. 325.
[10] *Ibidem*, p. 43.
[11] Fragmento B 80 da edição Diels Kranz. Cf. nº 77 da edição Solovine ou o nº 128 da edição PUF (Marcel Conche, Sorbonne).
[12] F. Héritier, *op. cit.*, p. 13: "eu digo o tema, pois não é certo que esse seja um conceito unitário".

a serviço da liberdade, não pode ser feito sem violência";[13] outros sublinham o lugar da violência institucionalizada,[14] ou, ainda, em alusão ao modelo proposto por René Girard, o da violência sacrificial. Uns e outros podem ser fundadores de valores, permitindo a passagem "do contínuo ao descontínuo (ou do indiferenciado ao diferenciado)".[15]

Nada de surpreendente, contanto que as "matrizes da intolerância e da violência", para retomar a bela expressão de Françoise Héritier, sejam elas mesmas ambivalentes. Somente o quadro geral é universal, definido pelos afetos e necessidades, como o prazer, a confiança, a segurança, mas também a inveja e a competição, que caracterizam o espaço mental humano. Mas a violência intervém "nos interstícios não regulados do jogo entrecruzado dessas diversas (e inevitáveis) necessidades".[16] Em compensação, as regras para canalizar a violência são diferentes de um sistema para outro: os quadros "são móveis de formas diferentes para as diversas culturas". Com as respostas à violência, eis-nos já no segundo nível, o do relativismo dos valores.

A menos que se introduza o conceito de crueldade,[17] ou, mais precisamente ainda, o de negação da humanidade, como forma de deslocar a questão do sofrimento, restringindo-lhe a análise, da violência em geral à especificidade dos massacres. Especificidade, pois que os massacres se caracterizariam pela despersonalização da vítima, implicando não apenas o seu sofrimento, mas também a negação da sua humanidade, a negação do seu pertencimento à mesma humanidade que a do perpetrador.

1.1.2 Massacres e negação da humanidade

O horror dos massacres, às vezes designados de "violências extremas",[18] não diz respeito apenas ao seu efeito massivo. Recorde-se o

---

[13] D. Defer, 'Entre pouvoirs et interprétations dans les oeuvres de Michel Foucault', Ibidem, p. 91-121.

[14] B. Lang, 'La violence au service de la religion: de quelques formes élémentaires d'agression dans la Bible', Ibidem, v. I, p. 169. La vengeance dans les sociétés non occidentales, R. Verdier, Cujas, 1981.

[15] R. Girard, La violence et le sacré [R. Girard. A violência e o sagrado. Tradução de Martha Conceição Gambini. São Paulo: Paz e Terra, 2008]; L. Scubla, 'Ceci n'est pas un meurtre ou comment le sacrifice contient la violence', Ibidem, II, p. 166.

[16] F. Héritier, 'Les matrices de l'intolérance et de la violence' in De la violence, II, Paris: Odile Jacob, 2005, p. 321.

[17] E. Balibar, 'Violence, idéalité et cruauté', Ibidem, I, p. 57-87.

[18] 'Violences extrêmes' in Rev. Internat. Sciences soc., nº 174, déc. 2002.

relato de Chateaubriand sobre o massacre de prisioneiros pelas tropas de Bonaparte na Síria, em 10 de março de 1799. Indignado pelo massacre em razão da sua crueldade e inutilidade — "os prisioneiros da guarnição de Jaffa haviam baixado as armas e sua capitulação havia sido aceita" —, ele se dedica a descrever os detalhes da cena e cita longamente o relato da testemunha Miot, pois que "não se desvela a verdade moral de uma ação senão pelos detalhes". Finalmente, Chateaubriand conclui: "o céu puniu a violação das leis da humanidade: ele enviou a peste".[19]

A fórmula, parece-me, pode ser entendida de duas maneiras, seja como antecipação do aparecimento de futuros conceitos jurídicos, tais quais o genocídio e o crime contra a humanidade, seja como tentativa de explicitar o fundamento da sua indignação moral: a negação da humanidade das vítimas na sua própria identidade. Em contraposição a esse massacre, não apenas massivo, mas também despersonalizado, o relato do soldado Miot, descrevendo os detalhes da cena, reintroduziu a personalidade de cada vítima, do homem jovem e apavorado que suplica que se lhe tenha indulgência, ao velho nobre e sereno que enterra a si mesmo para morrer pelas próprias mãos.

Em nossa investigação dos valores comuns, precisamos, com efeito, ir além das qualificações jurídicas para apreender a especificidade que sustenta o interdito. É assim que o sociólogo Jacques Sémelin, fundador de uma '*Encyclopédie électronique des massacres et génocides*', propõe uma definição autônoma do massacre como "processo organizado de destruição de civis, visando, ao mesmo tempo, as pessoas e seus bens".[20] Para compreender "as diferentes morfologias do massacre" ele se refere ao objetivo perseguido, e construiu uma tipologia com três ramos: *destruir para submeter* (as guerras, as colonizações, os empreendimentos demiurgos, ditos "de reeducação", para remodelar o corpo social dos regimes totalitários, ou *paradigma do Camboja democrático*; *destruir para erradicar* (a limpeza étnica nas suas diversas formas, ou *paradigma da Shoah*); *destruir para insurgir-se* (o terrorismo, ou *paradigma do 11 de Setembro de 2001*).

Por mais esclarecedora e necessária que seja essa visão, que Sémelin afirma ser "politista", mais do que jurídica, ela não dá conta, todavia, do conjunto do fenômeno, em especial dos fatores

---

[19] F. R. de Chateaubriand, 'Campagne de Syrie' in *Les mémoires d'outre-tombe*, Paris: Gallimard, coleção La Pléiade, v. I, livro XIX, capítulo 16, p. 724.

[20] J. Sémelin, *Purifier et détruire. Usages politiques des massacres et génocides*, Paris: Seuil, 2005, p. 387.

relacionados à cultura, às crenças, à memória afetiva de cada povo, além do que tais fatores podem explicar, igualmente, o surgimento ou o crescimento de uma violência coletiva desbragada, como se pôde ver, ainda recentemente, nos Bálcãs ou em Ruanda. Para levar em conta tal fenômeno, a jurista quebequense Hélène Dumont[21] propõe uma abordagem pluridisciplinar, sublinhando particularmente que genocídios e massacres não decorrem apenas de objetivos políticos impostos de cima para baixo, numa lógica piramidal, mas se desenvolvem também de baixo para cima, explicando como "a interação de dinâmicas locais com lógicas estatais ou como a dinâmica de uma lógica de rede permite que a violência se estenda de modo insidioso".

Em termos de valores, o essencial é, pois, esse efeito de despersonalização da vítima e de negação da sua humanidade, que se impõe de cima para baixo ou de baixo para cima. Ao universalismo do sofrimento corresponderia uma reprovação universal, ou universalizável, dos massacres, não somente pela sua violência, nem mesmo pela sua dimensão massiva, mas pelo seu caráter inumano.

Mas essa evolução da indignação ante o sofrimento até o interdito do inumano não se faz de forma linear. A história da humanidade ainda não é escrita como tal, e cada povo inventa, de início, a sua visão da humanidade mediante os seus interditos fundadores e seu direito penal nacional. Dito de outro modo, o segundo nível da ética não pode ser ignorado, pois que, sem dúvida, ele deverá ser integrado a esse direito penal do inumano em vias de elaboração.

1.2 O relativismo penal

Se o direito penal é o ramo menos universalizável do direito, é porque ele simboliza tanto a soberania nacional quanto a cultura de cada povo, constituindo, assim, o domínio privilegiado — devemos dizer o refúgio? — do relativismo dos valores. Como havíamos observado no início deste Seminário,[22] emprestando os exemplos de Blaise Pascal, "o furto, o incesto, o assassinato dos filhos e dos pais, tudo teve o seu lugar entre as ações virtuosas".[23] Inversamente, encontra-se de tudo

---

[21] H. Dumont, 'Introduction' in *Le crime de génocide — Construction d'un paradigme pluridisciplinaire*, inédito.
[22] Ver nota 5.
[23] B. Pascal, *Pensées*, Paris: Gallimard, Coleção Pléiade, fragmento 230, p. 1160 e ss. [B. Pascal. *Pensamentos*. Tradução de M. Laranjeira. São Paulo: Martins Fontes, 2005]; 'Des crimes globalisés' in *Le relatif et l'universel*, Paris: Seuil, 2004, p. 241-307.

na lista dos interditos do direito criminal, compreendidos a blasfêmia, a homossexualidade entre adultos, o recurso lícito à pena de morte e mesmo à tortura. Não se trata, portanto, de elaborar aqui um catálogo da diversidade penal, mas de reconhecer os seus principais fatores, ao mesmo tempo culturais e políticos.

1.2.1 Relativismo cultural

À primeira vista, as incriminações penais remetem, pelos interditos que exprimem, à diversidade cultural de cada nação. Mas esse relativismo repousa, ele mesmo, no pressuposto de uma cultura nacional supostamente homogênea. Conhece-se a fórmula de Émile Durkheim que define o crime como um comportamento que "fere os estados fortes da consciência coletiva comum".[24] Certamente, a incriminação penal jamais garante uma conformidade perfeita das práticas ao modelo normativo oficial. O próprio Durkheim sublinha: "para que a sociedade possa evoluir, é necessário que a originalidade humana possa vir à luz; ora, para que a originalidade do idealista, que sonha ir além do seu tempo, possa se manifestar é necessário que a do criminoso, que está aquém do seu tempo, seja possível; uma não existe sem a outra". Por isso ele afirma, correndo o risco de passar por provocador, que "o crime é, portanto, necessário; ele está ligado a condições fundamentais de toda vida social, e por isso mesmo é útil, pois que as condições às quais ele é solidário são, elas mesmas, indispensáveis à evolução da moral e do direito".[25] Mal compreendido, na segunda edição da obra Durkheim esclarecerá, em nota, que não teve nenhuma intenção de fazer apologia ao crime: "de que o crime é um fato da sociologia normal não segue que não se deva execrá-lo. A dor, também ela, nada tem de desejável: o indivíduo a execra como a sociedade execra o crime, no entanto, ela emana de um fato da sociologia normal".

Esse fato de sociologia normal é entendido de maneira diferente de um sistema para outro. Em compensação, em um dado sistema, a escolha oficial que consiste em interditar um comportamento

---

[24] E. Durkheim, *De la division du travail social*, Paris: PUF, 9ᵉ éd., 1973. [E. Durkheim. *Da divisão do trabalho*. Tradução de Eduardo Brandão. 3. ed. São Paulo: WMF Martins Fontes, 2008]; igualmente, as críticas de Gurvitch, 'Le problème de la conscience collective chez Durkheim' in *La vocation actuelle de la sociologie*, 3ᵉ éd. Paris: PUF, 1969, t. II, capítulo VIII, p. 1-58.
[25] E. Durkheim, *Règles de la méthode sociologique*, 18ᵉ éd. Paris: PUF, 1973, p. 70 [E. Durkheim. *Regras do método sociológico*. 3. ed. São Paulo: Martins, 2007].

pela ameaça de uma sanção penal (criminalização) exprimiria uma concepção ao menos parcialmente comum dos principais valores que se encontram na classificação dos Códigos. A realidade é mais incerta, ao menos por duas razões. De uma parte, essa classificação permanece, em larga medida, implícita. Parece evidente que se reserva o direito penal para os comportamentos "mais graves", mas com frequência se negligencia definir os critérios de gravidade, logo, negligencia-se explicitar a escala de valores subjacentes a ele. Nos anos 1980, fizemos essa experiência no seio da Comissão de Reforma do Código Penal, sem lograr convencer a maioria dos membros da importância de um inventário que seria conduzido para incorporar inteiramente as incriminações deixadas à margem do Código, ou repensar o plano de conjunto do Código e o seu significado em termos de valores.[26]

De outra parte, a homogeneidade social, que jamais foi perfeita — e para se convencer disso basta pensar nas práticas de aculturação impostas no quadro da colonização —, tornou-se ainda mais problemática à medida que a mundialização, favorecendo a abertura das fronteiras, confronta em um mesmo território a diferença cultural das populações (nativas ou imigrantes) com a homogeneidade dos códigos, a ponto de recolocar em questão a própria noção de "consciência coletiva comum".

Alessandro Bernardi responde à questão "o direito penal: escudo ou espada das diferenças culturais?"[27] com uma dupla afirmativa, considerando que ele é, ao mesmo tempo, proteção e sanção para os comportamentos decorrentes da diversidade cultural. Nem os modelos multiculturalistas, preponderantes nos países da *common law*, nem os modelos assimilacionistas ou integracionistas, mais próximos da tradição romano-germânica, parecem bem-sucedidos em resolver a contradição.

Os primeiros decerto parecem mais tolerantes com as diferenças, pelo engenho de técnicas jurídicas como o erro de direito, às vezes considerado irresistível,[28] ou a referência aos "valores próprios

---

[26] *Les grands systèmes de politique criminelle*, Paris: PUF, 1992, p. 269-294 [*Os grandes sistemas de política criminal*. Tradução de Denise Radanovic Vieira. Barueri: Manole, 2004], especialmente os princípios diretores de gravidade propostos, p. 287.
[27] A. Bernardi, 'Le droit pénal bouclier ou épée des différences culturelles?' in *Les droits de l'homme bouclier ou épée du droit pénal*, octobre 2006, organizado por M. van de Kerchove, Bruxelas: Bruylant, 2007.
[28] *Ibidem*, nota 11: "est irresponsable celui qui à cause de sa culture ou de ses coutumes commet une infraction pénale sans pouvoir comprendre le caractère délictueux de son

ao meio de pertença". Mas a tolerância não resolve os problemas nascidos da desigualdade jurídica entre cidadãos de um mesmo país, ou ainda, do risco social de guetização, ou de balcanização, numa sociedade que favoreceria o encerramento recíproco de culturas que coexistem sem se compreender. Enfim, a tolerância pode levar, em casos extremos, ao risco de dissolução do sentimento de pertença à mesma comunidade e de "cortar os laços de solidariedade". Ao invés disso, os adversários do outro modelo, o modelo assimilacionista, fazem valer as dificuldades práticas de uma integração forçada pouco compatível com o respeito à identidade individual e fundada numa igualdade abstrata, frequentemente ilusória.

Na prática a distinção é, a bem da verdade, menos nítida. Quer se trate de usar o véu islâmico, ou o turbante, e mesmo a adaga, como reivindicam os índios Sikh, os sistemas da *common law* se mantiveram mais tolerantes; porém, um debate recente relançou a questão no Reino Unido, pela proibição de ensinar com o rosto coberto pela burca. Mais frequentemente, sucede não apenas que os juízes afastam o argumento de *cultural defense*, mas também que tornam a ele com uma atitude de desconfiança, designando medidas preventivas, ou mesmo um agravamento das penas, pelo motivo de "os interessados estarem habituados, no seu país de origem, a sanções bem mais aflitivas que no país de acolhida".

Mas o debate não é apenas cultural, e o porte da adaga ou da burca pode tornar-se incompatível com certas medidas preventivas de segurança. Assim, alguns representantes das forças da ordem acreditaram dever aplicar ao porte da burca a lei italiana contra o terrorismo, de 31 de julho de 2005, que proíbe e sanciona o fato de aparecer mascarado em lugar público,[29] assinalando tal exemplo o entrelaçamento de fatores culturais e políticos.

1.2.2 Relativismo político

Com efeito, a escolha das incriminações, expressão da soberania nacional, também é, em essência, um ato político, que tradicionalmente situa no topo da hierarquia penal o regicídio e, mais recentemente, os

---

acte ou se déterminer conformément à une telle compréhension" (*é irresponsável aquele que, por causa da sua cultura ou dos seus costumes, comete uma infração penal sem poder compreender o caráter delituoso do seu ato ou determinar-se em conformidade com tal compreensão*).

[29] A. Bernardi, *op. cit.*

atentados contra a segurança do Estado. Mesmo quando a ordem das infrações varia de um Código para outro (o Código Penal Francês de 1994 começa pela proteção das pessoas, e depois, dos bens, antes de visar às instituições republicanas), esse significado político jamais desaparece.

Nos casos extremos, ela pode levar um regime totalitário a ordenar os massacres em massa dos quais se acabou de falar. Ainda que a cifra seja contestada, a ordem de grandeza permanece significativa: em 1994, Rudolph Rommel estimava que, no curso do século XX, 169 milhões de pessoas teriam sido assassinadas pelos seus próprios governantes contra 34 milhões no curso de guerras, compreendidas as duas guerras mundiais.[30] Sem chegar a essas formas extremas da violência estatal, o endurecimento do direito penal pode manifestar-se por um agravamento das penas e um enfraquecimento das garantias processuais. Do ponto de vista dos valores que se supõe que o direito penal proteja, esse endurecimento se traduz, então, por uma confusão que vai da ampliação da incriminação até a dissolução do direito penal numa vasta rede de repressão que trata todo desvio ou periculosidade, por mais impreciso que o conceito seja, como uma infração, ou, inversamente, que assemelha toda infração penal a um desvio que demanda uma normalização forçada (tratamento psiquiátrico dos dissidentes políticos na União Soviética ou campos de reeducação pelo trabalho na China maoista).[31]

Para avaliar o fenômeno eu distinguira três variantes, que reaparecem em tempos de crise: repressão generalizada (regime nazista, a criminalizar todo ato contrário ao "são instinto popular"); repressão desdobrada (regimes de exceção de caráter provisório e setorial, a contaminar, porém, o conjunto, de modo progressivo); repressão dirigida (endurecimento da repressão contra certos alvos, como a criminalidade organizada, o tráfico de drogas ou o terrorismo internacional).

Atualizado pelos atentados de 11 de setembro de 2001, o modelo totalitário, em suas diversas variantes, transformou-se numa doutrina nova, denominada "direito penal do inimigo".[32] Nascida na

---

[30] R. J. Rummel, *Death by Governments*, Londres: Transnational Publishers, 1994; J. Sémelin in *Violences extrêmes, op. cit.*

[31] 'Le modèle Etat totalitaire' in *Les grands systèmes de politique criminelle*, Paris: PUF, 1992, p. 198-222 [*Os grandes sistemas de política criminal*. Tradução de Denise Radanovic Vieira. Barueri: Manole, 2004].

[32] Geralmente se atribui essa expressão a G. Jakobs (*Kriminalisierung im Vorfeld einer Rechtsgutsverletzung* in ZStW 97, 1985, p. 753 e ss.). Para uma crítica, ver principalmente F. Palazzo, A. Bernardi *op. cit.*

Alemanha e na Itália, mas presente também na Espanha e na América Latina, essa doutrina repousa na ideia de que o Estado de Direito não poderá sobreviver se não aceitar diversas derrogações, tais quais o desaparecimento das garantias processuais ou o aumento das penas, em nome das exigências da segurança nacional. Quanto à definição mesma do crime, numa perspectiva de prevenção — repressão/ neutralização —, essa doutrina parece legitimar a confusão, que caracteriza o modelo totalitário, entre a noção de crime (atentado à *normatividade* pela transgressão de interditos portadores de valores) e a noção de estado de perigo (situação qualificada como perigosa em razão de um afastamento em relação a uma *normalidade* entendida como a média dos comportamentos). Mais grave ainda, ela chega a dissolver o direito penal fundado na punição da falta em uma lógica de guerra, que tende à eliminação do inimigo. Vejo aí o risco de um retorno à barbárie num duplo sentido do termo: barbárie desse direito penal repressivo e regressivo, mas também retorno à divisão binária, que se acreditava superada, entre civilizados e bárbaros, pois que o inimigo de hoje, como o bárbaro de ontem, simboliza a recusa de todo universalismo, dado que essa doutrina nega-lhe o direito de pertencer a uma única e mesma humanidade.

Está claro que todas essas variantes, fundadas na razão de Estado, estão no coração do relativismo penal. Em compensação, o direito internacional dos direitos humanos poderia contribuir, se não para suprimir, ao menos para "tornar razoável a razão de Estado",[33] como o demonstra a jurisprudência dos Tribunais Regionais de direitos humanos (Europa ou América), enquanto o direito internacional penal acresceria uma "razão da humanidade" à razão dos Estados.

Aqui se entrevê como o relativismo penal, combinado ao universalismo, poderia contribuir para resolver o paradoxo penal, desde que se construísse, em oposição ao direito penal do inimigo, um direito penal "do inumano", fundado numa internacionalização seletiva.

1.3 Em direção a um direito penal do inumano?

A questão que atravessa todo este Seminário é saber em quais condições o direito penal do inumano poderia desempenhar algum papel na fundação de uma comunidade humana mundial, a despeito

---

[33] *Raisonner la raison d'État*, organizado por M. Delmas-Marty, Paris: PUF, 1989.

inclusive do fato de que o processo de internacionalização continua seletivo, isto é, parcial e descontínuo.

1.3.1 A fundação de uma comunidade mundial

Os trabalhos referentes ao julgamento dos crimes de massa pouco abordaram a questão, a não ser para denunciar um abuso de linguagem, como faz Antoine Garapon, que, depois de invocar a fórmula de Carl Schmitt, "quem diz humanidade quer enganar", afirma com vigor: "o crime contra a humanidade afeta a virtude significante da linguagem de tanto que perverte o sentido das palavras, posto que, sem terceiros nem instituição para garantir-lhes, as palavras já não querem dizer nada".[34]

É verdade que o papel fundador do interdito penal não é, de imediato, transponível para a comunidade humana mundial, pois que continua vinculado, como se sublinhou antes, às diversas formas de solidariedade nas comunidades nacionais. A reflexão encontra-se, no entanto, enriquecida por análises como a do sociólogo americano Mark Osiel, que se debruçou sobre os processos dos crimes de massa organizados na Alemanha, na Argentina, no Japão e em Israel; confrontou-os com certos processos internacionais (com destaque para os de Nuremberg e Tóquio); e propôs acrescentar uma terceira variante às duas formas de solidariedade, mecânica e orgânica, descobertas por Durkheim. Essa variante, que ele funda no dissenso, e não no consenso, e que denomina "solidariedade discursiva", distinguir-se-ia das outras duas precisamente pela sua forma de relacionar comunidade e diferença. Segundo Osiel, a solidariedade mecânica (que ele relaciona ao modelo da igreja, "sobretudo se ela está juridicamente estabelecida") "requer a negação e, mesmo, a supressão das diferenças entre indivíduos e subgrupos, a fim de preservar a participação deles numa única ordem normativa"; em contrapartida, a solidariedade orgânica (a economia fundada sobre "a cadeia sempre mais extensa do intercâmbio comercial") exige "a preservação da cultura de diferenças entre indivíduos e subgrupos, a fim de aumentar a produtividade e a eficiência". Quanto à solidariedade discursiva, da qual a política seria o fundamento institucional, ela se opõe às outras duas, pois que

---

[34] A. Garapon, *Des crimes qu'on ne peut ni punir ni pardonner. Pour une justice internationale*, Paris: Odile Jacob, 2002, p. 72-239.

não exige nem a negação permanente nem a afirmação da diferença: implica simplesmente reconhecer que os membros da sociedade estão, com frequência, em desacordo radical quanto às suas concepções de justiça e do bem, mas que eles admitem igualmente que têm necessidade de se apoiar num *schema* comum de associação e cooperação.³⁵

Essa solidariedade discursiva permitiria fazer do processo penal uma ferramenta para construir a memória coletiva de um "massacre administrativo".³⁶ Sublinhando que essa memória coletiva se tornou internacional, "graças às redes de assistência informal de juristas militantes, de especialistas do direito humanitário e de organizações não governamentais humanitárias no mundo inteiro",³⁷ mas que "internacional" não quer dizer "mundial", Osiel se detém no meio do caminho, pois que não se interroga sobre a dimensão universal desse novo tipo de solidariedade social.

Resta saber se e em quais condições o direito penal poderia, em se internacionalizando em torno do inumano, lograr construir uma memória coletiva mundial. Essa hipótese, que gostaríamos de verificar ao longo do ano, não repousa no postulado de um direito penal do inumano que seja, de imediato, fundador de uma comunidade mundial de valores, mas na intuição de que ele deve, de fato, integrar os dissensos revelados pelos processos criminais, nacionais e internacionais. Integrando-os pode-se, com efeito, tentar perceber como uma internacionalização penal seletiva poderia contribuir para fundar a comunidade mundial pela articulação dos três níveis da ética — o universalismo do sofrimento, o relativismo das representações jurídicas do crime e da pena e o universalismo do processo em nome da humanidade.

1.3.2 Uma internacionalização seletiva

Se o processo de internacionalização penal é seletivo, é porque a relação entre o relativo e o universal parece obedecer a uma dupla cisão.

De uma parte, observa-se uma cisão na própria base da repressão penal, entre o interdito propriamente dito, isto é, a qualificação criminal do ato definido como inumano, que se universaliza, e as diversas técnicas

---

[35] Mark Osiel, 'La solidarité par le dissensus civil' in *Juger les crimes de masse. La mémoire collective et le droit*, Paris: Seuil, 2006, p. 69-95.
[36] *Ibidem*, p. 418.
[37] *Ibidem*, p. 337.

jurídicas que tendem a justificar o inumano, no sentido mais amplo do termo (legítima defesa, estado de necessidade, constrangimento e outras técnicas jurídicas que podem levar a legitimar o inumano), e que continuam arraigadas em cada tradição nacional. A principal razão do fracasso em definir um crime mundial de terrorismo é sem dúvida o quanto as justificações variam de um Estado para outro. Portanto, pode-se prosseguir com a hipótese de que o par "interditar/justificar" não se situa de imediato no mesmo nível da ética: se o interdito parece universal, ou universalizável, ele é, em contrapartida, relativizado pelas justificações nacionais, ainda que as proporções variem segundo a qualificação penal. Se o "crime de guerra" e, depois, o "crime contra a humanidade" se atêm à dominante universalista, um terceiro paradigma anuncia o retorno vigoroso do relativismo nacional, após a palavra de ordem da "guerra contra o crime" — reativada, sobretudo em matéria de terrorismo, pelos atentados de 11 de setembro de 2001 — ter adquirido uma significação jurídica, e não somente política.

De outra parte, uma cisão ainda mais profunda parece permear os principais debates relativos à efetivação do interdito: para além dos argumentos aparentemente técnicos sobre a atribuição da responsabilidade, a competência para acusar e julgar o caso em conformidade com os "interesses da justiça", no sentido ambíguo da fórmula inscrita no Estatuto do Tribunal Penal Internacional (TPI), e enfim as próprias funções da sanção, é o par "punir/perdoar" e, com ele, a relação entre justiça e paz social que estariam como que oscilantes entre o nível universal e o nível nacional.

Recorde-se como Hannah Arendt opõe o perdão à irreversibilidade:

> o *homo faber*, vítima da falta de sentido, da depreciação dos valores, da impossibilidade de encontrar normas válidas num mundo determinado pela categoria dos fins e dos meios, não pode libertar-se dessa condição a não ser graças às faculdades gêmeas da ação e da palavra.[38]

Que se trate de agraciar os vencidos ou comutar a pena de morte, o perdão, que corresponde à condição humana da pluralidade — ninguém pode perdoar-se a si mesmo —, não parece imaginável senão na escala de uma comunidade organizada como tal.

---

[38] H. Arendt, 'L'irreversibilité et le pardon' in *Condition de l'homme moderne*, p. 301 e ss. [H. Arendt. *A condição humana*. Tradução de Roberto Raposo. 10. ed. São Paulo: Forense Universitária, 2005].

Essa seria a razão profunda da fórmula arendtiana, citada com frequência, dos "crimes que não se pode punir nem perdoar". Situada novamente no contexto de um livro escrito em 1958, essa fórmula remete a "ofensas radicalmente más e das quais sabemos muito pouco, mesmo que tenhamos estado expostos a uma das suas raras manifestações públicas. Tudo o que sabemos é que não podemos nem puni-las nem perdoá-las, e, por conseguinte, que elas transcendem o domínio dos assuntos humanos e o potencial do poder humano, que destroem ambos radicalmente sempre que fazem a sua aparição".[39] E, no entanto, ela assistiu ao processo de Adolf Eichmann em Israel e o defendeu como bem fundamentado, embora mostrasse suas fraquezas e apoiasse a proposta de Karl Jaspers em favor do julgamento por um Tribunal Internacional. Lamentando, apesar das dificuldades técnicas, que ninguém tenha se dado ao trabalho de examinar seriamente tal proposta, Arendt considera uma "necessidade imperiosa"[40] a criação de um Tribunal Penal Internacional.

Meio século mais tarde, a questão parece renovada pelo aparecimento simultâneo de uma justiça penal internacional com vocação mundial e de uma justiça nacional alternativa, organizada em torno das Comissões de Verdade e Reconciliação, sob o modelo experimentado na África do Sul, e, depois, no Marrocos e alhures. Essa dualidade poderia começar a abrir outra cisão, entre punir e perdoar. Se continua verdadeiro que a comunidade mundial é indubitavelmente vaga demais para ter vocação para perdoar, o que poderia explicar a onipresença da palavra de ordem da luta contra a impunidade no direito internacional, em compensação ela pode exercer, pelas jurisdições internacionais, um totalmente novo direito mundial de punir, mas apenas a título subsidiário, o que põe, sem resolvê-la, a questão do perdão.

É mediante essa internacionalização seletiva que a comunidade mundial tentará organizar-se em torno destes dois pares conflituosos:
- o par "interditar/justificar", comandado pelos três paradigmas, ora complementares ora contraditórios, do crime de guerra, da guerra contra o crime e do crime contra a humanidade, e
- o par "punir/perdoar", que suscita, a propósito de cada paradigma, três debates maiores, referentes à responsabilidade

---
[39] *Ibidem*, p. 307.
[40] H. Arendt, *Les origines du totalitarisme, Eichmann à Jerusalem*, Gallimard, coleção Questo, 2002, p. 1278 e ss. [H. Arendt. *Origens do totalitarismo*. 2. ed. Tradução de Roberto Raposo. São Paulo: Companhia das Letras, 1989; *Eichmann em Jerusalém*. Tradução de José Rubens Siqueira. São Paulo: Companhia das Letras, 1999].

em face da impunidade, da acusação e do julgamento "nos interesses da justiça", enfim, da natureza da sanção.

É segundo a sua capacidade de encontrar um equilíbrio entre o relativo e o universal para cada par que a comunidade mundial escapará ao "caos pós-moderno" que alguns já lhe predizem.[41]

2 Interditar/justificar – Três paradigmas

É preciso voltar a Heráclito para compreender que a guerra é aquilo que ao mesmo tempo nos opõe e nos é comum (*ton polemon eonta ksunon*).[42] Não é, pois, surpreendente nem que os primeiros interditos fundadores de uma comunidade internacional, e potencialmente mundial, tenham aparecido a propósito da guerra, nem que tenham fracassado em proibi-la, dado que a questão moral permanece ambígua: "há sempre dois aspectos da realidade moral da guerra, a guerra é sempre julgada duas vezes: no início, considerando as razões que os Estados têm para fazê-la, em seguida, considerando os meios que nela adotam".[43] Expressa pelos autores medievais segundo a célebre distinção *jus ad bellum* (o direito de recorrer à guerra) e *jus in bello* (o direito aplicado durante a guerra), essa dualidade parece traduzir dois objetivos diferentes: limitar o recurso à violência pelo enquadramento do conceito de agressão e de seu corolário da legítima defesa e limitar os tratamentos inumanos de combatentes, prisioneiros ou não combatentes.

Em termos de valores, trata-se, portanto, de um duplo interdito, que, depois do fracasso do Tratado de Versalhes ao final da Primeira Guerra Mundial, foi consagrado pelo Tratado de Paris (Pacto Briand-Kellog, 1928) apenas em seu primeiro aspecto (proibição do recurso à força), antes de ser finalmente inscrito no estatuto dos Tribunais Militares de Nuremberg e de Tóquio pelo crime contra a paz, ou crime de agressão (princípio 6, "a"), e o crime de guerra, ou "violação das leis e dos costumes da guerra" (princípio 6, "b"), prolongado pela criação do crime contra a humanidade (princípio 6, "c"). A dualidade parecia impor-se nesse período do pós-guerra, ainda que a questão de saber

---

[41] M. Osiel, *op. cit.*, p. 366, nota 51.
[42] Fragmento B 80 da edição Diels Kranz. Cf. nº 77 da edição Solovine ou o nº 128 da edição PUF (Marcel Conche, Sorbonne).
[43] M. Walzer, *Guerres justes et injustes*, Trad. Simone Chambon et Anne Wicke, 3ᵉ éd. Paris: Gallimard, 2006, p. 77 [M. Walzer. *Guerras justas e injustas*. Tradução de Waldéa Barcellos. São Paulo: Martins Fontes, 2003].

se a agressão justifica eventuais crimes de guerra devesse continuar implícita, tão politicamente impensável parecia ser que os vencedores se acusassem a si mesmos.

Do pós-Segunda Guerra ao pós-11 de Setembro de 2001, a relação entre a agressão e o inumano na verdade não se esclareceu, pois que os dois interditos evoluíram de forma não linear e algo contraditória. Paralelamente à escalada de potência dos direitos humanos, o interdito do inumano se desenvolveu também no direito penal: de uma parte, o crime de guerra integra as Convenções de Genebra adotadas em 1949 (e os Protocolos Adicionais de 1977), de outra, o crime contra a humanidade, ampliado ao genocídio e depois ao *apartheid* (Convenções de 1948 e 1973), torna-se progressivamente autônomo, a ponto de o Tratado de Roma autorizar um Estado-parte a atrasar em sete anos a aplicabilidade do artigo relativo aos crimes de guerra (disposição transitória do art. 124).

Em se tornando autônomo, o crime contra a humanidade esboça um novo paradigma, pois que se estende das situações de guerra aos crimes cometidos em tempos de paz, e poderá, pela absorção da absolutamente nova qualificação de "crime contra a espécie humana", ampliar-se ainda mais, da destruição da vida à sua fabricação (do genocídio à eugenia ou à clonagem) e mesmo da proteção de pessoas à proteção de um patrimônio comum da humanidade, ou de bens comuns da humanidade. Em suma, esse crime de "lesa-humanidade",[44] longe de limitar-se a humanizar a guerra, teria vocação para construir a humanidade como valor comum.

Se o interdito do inumano parece assim se desdobrar, observa-se, ao mesmo tempo, que o interdito da agressão (art. 2º, §4º, Carta da ONU), ao contrário, poderá voltar-se em favor da legítima defesa reconhecida à vítima da agressão. Como lembra Antonio Cassese, o "direito natural de legítima defesa, individual ou coletiva, no caso em que um membro das Nações Unidas é objeto de uma agressão armada", havia sido concebido pelo art. 51 da Carta da ONU como uma válvula de segurança a legitimar medidas tomadas sem o acordo prévio do Conselho de Segurança, mas evoluiu a tal ponto que a exceção da legítima defesa "tornou-se a regra".[45]

---

[44] Expressão proposta pelo jurista romeno Vespasien Pella, *La guerre-crime et les criminels de guerre, Réflexions sur la justice pénale internationale, ce qu'elle est et ce qu'elle devrait être*, Paris: Pedone, 1946, p. 33.
[45] A. Cassese, "Article 51" in *La Charte des Nations Unies, Commentaire article par article*, organização de J. P. Cot, A. Pellet et M. Forteau, 3. ed., Economica, 2005, p. 1358.

Sua extensão progressiva, especialmente pela aplicação à agressão terrorista (resoluções do Conselho de Segurança de 12 e 28 de setembro de 2001), não oferece apenas o risco de criar no sistema da Carta "uma fissura que poderá ampliar-se ainda mais",[46] com noções como a guerra preventiva e a guerra preemptiva, mas também o de opor um novo paradigma ao crime de guerra e ao crime contra a humanidade. Apresentada como um *slogan* político, a "guerra contra o crime", longe de permanecer uma simples metáfora, de fato sustenta uma lógica penal de legitimação e, mesmo, de banalização do inumano, que marca uma ruptura em relação aos paradigmas de Nuremberg.

Em suma, os três crimes do Estatuto de Nuremberg conheceram evoluções diferentes. Enquanto o crime de guerra se consolidou e o crime contra a humanidade se tornou autônomo, o crime de agressão, embora definido em Nuremberg como "o crime internacional supremo", continua subordinado, em sua efetivação, a um acordo sobre a sua definição (compare-se o art. 5º, §1º, "d", com o §2º do Estatuto do Tribunal Penal Internacional – TPI).[47] Ainda que ele esteja inscrito na Constituição Alemã (art. 26) e na Constituição Japonesa (art. 9), e ainda que a Câmara dos Lordes recentemente lhe tenha reconhecido valor de direito costumeiro, o interdito da agressão dificilmente pode ser percebido como fundador do direito positivo atual: o Japão, onde uma *apology fatigue* considera ab-rogar o art. 9º;[48] e os Lordes, que enfim rejeitaram o argumento dos requerentes, contrários à guerra contra o Iraque, que invocavam o crime de agressão para legitimar seus atos de sabotagem a uma base da OTAN.[49]

Até chegar a proposições que criminalizem a agressão, no prosseguimento dos trabalhos anteriores e em vista da Conferência de Revisão do Tratado de Roma prevista para 2009, a lógica restará "invertida", no sentido de que a agressão se tornou o fato justificativo a fundamentar a legitimidade do novo paradigma da guerra contra o crime. Essa inversão, ilustrada pelo dispositivo posto pelos Estados

---

[46] *Ibidem*, p. 1359.
[47] TPI, Assembleia dos Estados-partes, Grupo de Trabalho Especial sobre o Crime de Agressão, 23 de novembro a 1º de dezembro de 2006, ICC-ASP/5/SWGCA/INF.1; A. Thibault-Lemasson, "Le crime contre la paix ou crime d'agression, De la réactivation d'une infraction de droit international classique", *RSC* 2006. 275.
[48] Ver Yoïchi Higuchi, *Le constitutionalisme entre l'Occident et le Japon*, Helbing & Lichtenhahn, 2001, (*xiii-297 p*.); Onuma Yasuaki, "Japanese war guilt and postwar responsabiliies of Japon", *Berkeley Journal of international Law*, 2002, pp. 600-620.
[49] *R. v Jones et alia*, [2006] UKHL 16, ver C. Villarino Villa, "The crime of aggression before the House of Lords", *JICJ* 4 (2006) pp. 866-877.

Unidos na sequência dos atentados de 11 de setembro de 2001,[50] foi explicitamente defendida e justificada em *Carta da América*, publicada por 60 intelectuais americanos, entre os quais antigos opositores da guerra contra o Vietnã, como Michael Walzer, pelo motivo de que os atentados eram "um exemplo puro e característico de agressão contra vidas humanas inocentes, um flagelo mundial que só o recurso à força pode erradicar".[51]

O direito positivo haveria passado, assim, dos três crimes de Nuremberg aos três paradigmas que resultam dessa internacionalização seletiva, que a cada virada ou a cada bifurcação da história superpõe um novo vocabulário, uma nova lógica e, mais amplamente ainda, uma nova concepção da ética, sem, entretanto, suprimir a antiga.

Resta por examinar como cada um desses três paradigmas combina, de forma ora complementar ora contraditória, o universalismo do interdito e o relativismo da justificação. Malgrado o enredo observável nas práticas, tentaremos distinguir, de início, as duas formas opostas, o crime de guerra e a guerra contra o crime, para abordar, por último, o crime contra a humanidade, que aparece, para além do direito positivo atual, como um paradigma ainda em construção.

2.1 O paradigma do crime de guerra – Limitar o inumano

A própria noção de crime poderá parecer incompatível com a guerra, esse "ato de violência que teoricamente não tem limite", escrevia Carl von Clausewitz.[52] No entanto, toda uma corrente de pensamento, na Europa mas também alhures (em especial na China, como se viu antes), aspira humanizar a guerra, "de medo que, imitando muito as bestas-feras, esqueçamos o homem".[53] Manifestamos alguma reserva sobre tal comparação, posto que a ferocidade pode aparecer como algo próprio ao homem. Resta que a fórmula inscreve o filósofo nessa linhagem humanista que não tem a ambição de proibir a violência, e sim de limitar o inumano, que de alguma sorte se encontra liberado pela guerra.

---

[50] Ver *Le relatif et l'universel*, Paris: Seuil, 2004, pp. 204-206.
[51] *Lettre d'Amérique*, *Le Monde*, 15 de fevereiro de 2002.
[52] C. von Clausewitz, *De la guerre*, Trad. Denise Naville, Paris: Minuit, 1955, p. 52-53 [C. von Clausewitz. *Da guerra*. Tradução de Teresa Barros Barroso. 2. ed. São Paulo: WMF Martins Fontes, 1996].
[53] H. Grotius, *Le droit de la guerre et de la paix*, Trad. Paul Pradier-Fodéré, Paris: PUF, 1999, p. 836 [H. Grotius. *O direito da guerra e da paz*. Tradução de Ciro Mioranza. Ijuí: Unijuí, 2004. 2. v.]; *Le relatif et l'universel*, *op. cit.*, p. 75.

No campo jurídico seria preciso, contudo, esperar o século XIX para que se desse início à construção de um "direito internacional humanitário" com vocação universal em torno de dois polos, o "direito de Haia", direito interestatal que determina os direitos e deveres dos beligerantes na condução das operações militares e que limita a escolha dos meios empregados nos conflitos armados internacionais, e o "direito de Genebra", direito interestatal e interindividual destinado a proteger as vítimas da guerra e a salvaguardar os membros das forças armadas postos fora de combate, assim como aqueles que não participam das hostilidades e os bens de caráter civil.

É verdade que a distinção tende a se desvanecer, como sublinha a Corte Internacional de Justiça (CIJ), em seu Parecer sobre a licitude da ameaça ou do emprego de armas nucleares, de 1996:

> essas duas vertentes do direito aplicável nos conflitos armados desenvolveram relações tão estreitas que são vistas como tendo fundado, gradualmente, um sistema único, complexo, que hoje se chama direito internacional humanitário. As disposições dos Protocolos Adicionais de 1977 exprimem e atestam a unidade e a complexidade desse direito.[54]

E mesmo além dos Protocolos de 1977 poder-se-á sugerir que a unidade, portanto, o universalismo do interdito, em sua definição, acompanha-se da complexidade da sua implementação, que continua profundamente dependente de um relativismo próprio de cada Estado.

2.2 Universalismo na definição do interdito

Um universalismo atestado por uma ratificação massiva de textos, mas bem escondido sob o acúmulo deles: "os juristas construíram um universo de papel que, em seus pontos capitais, fracassou em corresponder ao mundo no qual o restante dos seres humanos vive na atualidade".[55] A crítica não é falsa e a tendência a uma "chicana utópica", que nos é igualmente censurada por Michael Walzer, pode aparecer como um obstáculo à construção de uma verdadeira comunidade de valores. O obstáculo é sem dúvida inevitável, pois que a opacidade, que decorre do efeito de embaralhamento por acumulação de dispositivos parciais e imperfeitos, exprime a um só tempo a força das resistências

---

[54] CIJ, Parecer Consultivo de 08 de julho de 1996, *Licéité de la menace ou de l'emploi d'armes nucléaires, Recueil* 1996, p. 34, parágrafo 75.
[55] M. Walzer, *op. cit.*, p. 35.

estatais e a obstinação das correntes humanistas. Inevitável, portanto, mas não insuperável, se se esforça para daí extrair uma definição comum.

2.2.1 O efeito de embaralhamento por acumulação

O direito internacional humanitário de fato aparece como aquela construção bipolar, progressiva e gradual evocada pela Corte Internacional de Justiça.

O próprio "direito de Haia" se situa no cruzamento de dispositivos internacionais e, às vezes, nacionais, se se reporta aos empréstimos efetuados junto ao *Código Lieber*, de 1864, e suas "Instruções para o comportamento das Forças Armadas dos Estados Unidos em Campanha". Concebido na época da Guerra de Secessão (1861-1865) por um jurista cujos dois filhos combatiam em campos opostos, esse primeiro esforço de codificação do direito da guerra inspirou um grande número de Códigos Militares Nacionais e, mais tarde, o *Manual Oxford*, de 1880, elaborado pelo Instituto de Direito Internacional para servir de modelo aos legisladores nacionais na redação de Códigos e manuais militares.

O *Código Lieber* inspirou também as Convenções de Haia de 1899 e 1907, embora elas previssem somente a responsabilidade internacional dos Estados beligerantes, e não a responsabilidade penal individual.[56] Em compensação, encontra-se no preâmbulo da Convenção II de 1899, concernente às leis e aos costumes da guerra terrestre, a primeira formulação da chamada Cláusula de Martens:

> até que um código mais completo das leis de guerra possa ser editado, as Altas Partes contratantes julgam oportuno constatar que, no caso de não cumprimento das disposições regulamentares por elas adotadas, as populações e os beligerantes restam sob a salvaguarda e o império dos princípios do direito das gentes como resultantes dos usos estabelecidos entre nações civilizadas, das leis da humanidade e das exigências da consciência pública.

Essa Cláusula de Martens, que continua a ser citada, adquiriu força jurídica no seio de jurisdições tão diferentes quanto o Tribunal de Nuremberg, o Conselho de Guerra de Bruxelas e, mais recentemente,

---

[56] Th. Meron, *AJIL*, 2006, p. 554.

a Corte Internacional de Justiça e o Tribunal Penal Internacional para a ex-Iugoslávia (TPIY). Se as normas que ela impõe se tornaram oponíveis aos Estados à margem de todo liame convencional, é porque se fundamentam nas "exigências da consciência pública" e nas "leis da humanidade" (primeira versão inscrita no preâmbulo da Convenção II de Haia, 1899), as quais se tornaram "princípios da humanidade" na nova versão (Protocolo Adicional I de 1977). Foi assim que foram reconhecidas como emanadas do direito costumeiro e mesmo do *jus cogens*.

Interpretados como "proibição do uso de meios e métodos de guerra que não seriam necessários para obter uma vantagem militar precisa", tais princípios têm por objeto limitar o inumano:

> a humanidade exige que se prefira a captura ao ferimento, o ferimento à morte; que se respeitem, na medida do possível, os não combatentes; que se fira da forma menos grave, a fim de que o ferimento seja operável e possa haver salvação, e da forma menos dolorosa; que o aprisionamento seja tão suportável quanto possível.[57]

Do interdito do inumano à sua incriminação penal, a etapa seguinte será percorrida pelo "direito de Genebra", que, como se sabe, foi inspirado pela Cruz Vermelha internacional. A I Convenção de Genebra, adotada em 1906 para a melhoria da sorte de feridos e enfermos nas forças armadas em campanha, impõe de forma explícita a criminalização do inumano:

> os Governos signatários comprometem-se igualmente a tomar ou propor a seus legisladores, em caso de insuficiência de suas leis penais militares, as medidas necessárias para reprimir, em tempos de guerra, os atos individuais de pilhagem e de maus tratos em relação aos feridos e enfermos das forças armadas, assim como para punir por usurpação de insígnias militares o uso abusivo do pavilhão e da braçadeira da Cruz Vermelha por militares ou particulares não protegidos pela presente Convenção. (art. 28)

Do mesmo modo a Convenção de 1929 para a Melhoria da Sorte dos Feridos e Enfermos nas Forças Armadas em Campanha; em compensação, a Convenção Relativa ao Tratamento de Prisioneiros de Guerra, adotada na mesma data, não prevê a repressão penal de suas violações.

---

[57] Parecer da CIJ supracitado, *Licéité armés nucléaires*, parágrafos 78 e 87, igualmente Opinião Dissidente do Juiz Shahabuddeen.

A contribuição do Estatuto de Nuremberg (princípio 6 supracitado, "b") será incriminar todo o conjunto: "a violação das leis e dos costumes da guerra". Ele indica na sequência, mas de forma não taxativa, exemplos dessas violações, que serão retomados nas Convenções de Genebra adotadas em 1949 e permitirão estabelecer a lista de pessoas ou bens "protegidos", lista esta novamente ampliada pelo Primeiro Protocolo Adicional adotado em 1977 e que permite qualificar as violações de "infrações graves" contra pessoas ou bens "protegidos".

Ora, o efeito de acumulação não se limita ao direito humanitário. Com a criação do Tribunal Penal Internacional, novas negociações, portanto, novos compromissos ainda vão complicar o quadro. Os dois Tribunais Penais Internacionais, para a ex-Iugoslávia e para Ruanda, podem "julgar as pessoas supostamente responsáveis por graves violações do direito humanitário". Mas os estatutos deles divergem segundo a natureza dos conflitos armados, misto para o primeiro, puramente interno para o segundo. Os arts. 2º e 3º do Estatuto do Tribunal Penal Internacional para a ex-Iugoslávia atribuem-lhe competência para julgar "infrações graves às Convenções de Genebra" e as "violações das leis e dos costumes de guerra", ao passo que a competência do Tribunal Penal Internacional para Ruanda (TPIR) limita-se ao julgamento das "violações graves do artigo 3º comum às Convenções de Genebra [...] e do Protocolo Adicional II" (art. 4).

Longe de simplificar tudo, o Tratado de Roma ainda detalha a definição dos "crimes de guerra", distinguindo os dois tipos de conflito armado. Em caso de conflito internacional, ele visa as "infrações graves às Convenções de Genebra" (art. 8º, §2º, "a") e as "outras violações graves das leis e dos costumes aplicáveis aos conflitos armados internacionais" (§2º, "b"); em caso de conflito não internacional, as "violações graves do artigo 3º comum às quatro Convenções de Genebra" (§2º, "c") e as "violações graves das leis e dos costumes aplicáveis aos conflitos armados que não apresentam caráter internacional" (§2º, "d"). Pode-se ver aí uma regressão em relação à jurisprudência dos Tribunais Penais Internacionais, que tende a aplicar regras unificadas (*Tadic*, 1995, §§82-83), dado que o Tratado parece distinguir as incriminações diretamente aplicáveis e aquelas cuja natureza criminal o Tribunal deverá estabelecer caso a caso.

Tal minúcia se prestaria ao riso se a matéria não fosse trágica e se não fosse preciso ver, atrás do jargão dos juristas, um esforço para traduzir a indignação numa linguagem que possa assumir um significado comum, malgrado as resistências políticas e a diversidade de línguas e culturas.

2.2.2 O significado comum do interdito

Na abertura do processo de Nuremberg, o Procurador-Geral americano Robert H. Jackson declarou:

> a única forma de acabar com os tiranos, a força e as agressões é submeter todos os homens à mesma lei. Este processo é um esforço desesperado da humanidade para aplicar a lei a homens que abusaram de seu poder a fim de solapar os fundamentos da paz mundial e violar os direitos de seus vizinhos [...]. A verdadeira acusadora é a civilização. Em todos os nossos países, ela tem sido sempre uma ideia imperfeita e que procura seu caminho [...].

Tendo em vista "a força e as agressões", o Procurador parece privilegiar a proteção da paz mundial, mas, ao apresentar o processo como um "esforço desesperado da humanidade" em que a verdadeira acusadora seria "a civilização", ele talvez indique também que o direito humanitário, por mais emaranhado e confuso, poderá ser chamado a se tornar linguagem comum da humanidade.

Essa linguagem se delineia no curso da jurisprudência internacional. É assim que nos pareceres da Corte Internacional de Justiça aparece a expressão, à primeira vista pouco jurídica, "considerações elementares de humanidade". Jamais invocadas de forma isolada, sendo sempre tratadas como fonte de obrigações jurídicas, essas considerações permitem contornar um eventual obstáculo convencional (convenção não aplicável ou não ratificada). Associando num mesmo conceito a regra moral e a regra jurídica, a expressão "aparece, assim, como o instrumento judiciário de ligação normativa entre os fundamentos éticos da norma jurídica e a própria norma".[58] Pode-se considerar que a fórmula é juridicamente confusa, pois que assimila o fundamento da norma à própria norma, e até discutível, pois que corre o risco de entrar em contradição com a soberania dos Estados; mas não é menos verdadeiro que a Corte julga que "os Estados não têm escolha ilimitada quanto às armas que empregam" (§78) e que "não há dúvida alguma de que o direito humanitário aplica-se" às armas nucleares, ainda que não tenha tratado disso explicitamente (§§85-86). Em suma, ao explicitar os interditos do direito internacional humanitário, tal expressão permitiria à Corte participar da construção de valores comuns.

---

[58] P.-M. Dupuy, "Les 'considérations élémentaires d'humanité' dans la jurisprudence de la Cour internationale de justice", *Mélanges Nicolas Valticos*, 1999, p. 127.

Tal pedagogia do interdito fundador é igualmente praticada pelos juízes penais,[59] sobretudo a propósito do art. 3º comum às Convenções de Genebra, que

> constitui um corpo mínimo de regras imperativas e compreende princípios humanitários fundamentais, que sustentam o direito internacional humanitário em seu conjunto e sobre os quais são fundadas as Convenções de Genebra em sua integralidade [...]. Para retomar os termos do Comitê Internacional da Cruz Vermelha (CICV), a finalidade do artigo 3º comum é assegurar o respeito ao mínimo de regras de humanidade que todos os povos civilizados consideram válidas em todos os lugares e em todas as circunstâncias, porque estão acima e, mesmo, à margem da guerra. Por conseguinte, essas regras podem ser consideradas a "quintessência" dos princípios humanitários enunciados no conjunto das Convenções de Genebra.[60]

Um pouco mais adiante (§149), os juízes especificam que se trata de proteger a pessoa humana contra "atos odiosos que toda nação civilizada considera inaceitáveis em qualquer circunstância".

Com base na aproximação das duas passagens, acredita-se que certos atos são "inaceitáveis em quaisquer circunstâncias", inclusive durante as guerras, porque violam o direito à dignidade humana, o qual, lembre-se, é considerado inderrogável pelos instrumentos internacionais de proteção dos direitos humanos. Resta saber se, especificamente em caso de guerra, o interdito pode, no entanto, ser levantado, e o crime, justificado em razão de necessidades militares.

Para tomar um exemplo concreto, o ataque contra civis ou bens de caráter civil, sancionado pelo art. 3º do Estatuto do Tribunal Penal Internacional para a ex-Iugoslávia com base no art. 51, §2º, do Protocolo Adicional, os Tribunais Penais Internacionais dão-lhe uma resposta

---

[59] *Le Procureur c. Georges Andersen Nderubumwe Rutaganda*, nº ICTR-96-3-T, Julgamento e Sentença, 06 de dezembro de 1999, parágrafo 106: "Par 'violation grave', on entend une infraction à une règle protégeant des valeurs importantes, important des conséquences graves pour la victime. Les prohibitions fondamentales énoncées à l'article 4 du Statut sont dictées par des considérations d'humanité élémentaires, dont la violation serait, par définition, considérée comme grave" (por "violação grave" entende-se a infração a uma norma protetora de valores importantes, de modo a produzir consequências graves para a vítima. As proibições fundamentais enunciadas no artigo 4º do Estatuto são ditadas pelas considerações elementares de humanidade, cuja violação seria, por definição, considerada como grave). Ver também *Le Procureur c. Alfred Musema*, nº ICTR-96-13, Julgamento e sentença, 27 de janeiro de 2000, parágrafo 288.

[60] *Le Procureur c. Zejnil Delalic, Zdravko Mucic, Hazim Delic, Esad Landzo*, IT-96-21-T, Julgamento, 20 de fevereiro de 2001, parágrafo 143.

evolutiva, que vai da limitação progressiva das exceções fundadas sobre as necessidades militares na direção de uma proibição absoluta de ataques contra um alvo civil.

Essa evolução é marcada por uma guinada da Câmara de Primeira Instância no caso *Galic*.[61] De início, os juízes fundamentam-se no texto (art. 51, §2º, supracitado, que tem em vista o "alvo de civis não justificado pela necessidade militar"), pois que este indica claramente, em seu entendimento, que "nem as pessoas civis nem a população civil como tal devem ser objeto de ataques; não prevê nenhuma exceção; exclui, em particular, qualquer possibilidade de derrogá-lo pela prevalência das necessidades militares". Insistindo no caráter inderrogável do interdito, a Câmara de Primeira Instância lembra que o texto invocado claramente consagra a norma costumeira segundo a qual os civis devem gozar de proteção geral contra os perigos que resultam das hostilidades:

> a proibição de ataques contra civis tem origem num princípio fundamental do direito internacional humanitário, o da distinção, que obriga as partes em conflito a fazer *a todo tempo* a distinção entre a população civil e os combatentes, assim como entre os bens de caráter civil e os objetivos militares, e, por conseguinte, a só dirigir suas operações contra objetivos militares.[62]

Enfim, os juízes evocam o caso supracitado da Corte Internacional de Justiça sobre as armas nucleares: "os Estados nunca devem tomar civis como alvo".

Essa concepção firme será, igualmente, a da Câmara de Apelação no caso *Blaskic*: enquanto a Câmara de Primeira Instância havia admitido a justificação do crime, a Câmara de Apelação sublinha, a seu turno, que "o fato de tomar civis como alvo é absolutamente proibido no direito internacional costumeiro".[63]

Em compensação, a jurisprudência ainda é hesitante em outros pontos. Ao tratar da exigência de certa gravidade das consequências de um ataque ilícito contra civis ou bens de caráter civil, a Câmara de Apelação considera, em 2004, que existe uma "certa incerteza"

---

[61] *Le Procureur c. Stanislav Galić*, IT-98-29-T, Julgamento, 05 de dezembro de 2003, parágrafos 42-45.

[62] *Ibidem*, parágrafo 45.

[63] *Le Procureur c. Tihomir Blaskic*, IT-95-17-S, Julgamento, 29 de julho de 2004, parágrafo 109. Ver igualmente *Le Procureur c. Dario Kordic et Mario Cerkez*, IT-95-14/2, Julgamento, 17 de dezembro de 2004, parágrafo 54.

na jurisprudência dos Tribunais Penais Internacionais. Na época dos acontecimentos, eram necessários atentados graves, ao passo que, doravante, "os ataques lançados à revelia dos artigos 51 e 52 do Protocolo Adicional I são claramente ilícitos, mesmo quando não causam danos graves nos termos do artigo 85 do Protocolo Adicional".[64] Mas continua admitido que "os ataques que visam objetivos militares, trate-se de bens ou de combatentes, podem provocar danos civis colaterais".[65]

Espelho de contradições entre o direito internacional humanitário e as práticas nacionais, diferentes de um Estado para o outro, tais oscilações nos remetem ao relativismo na aplicação concreta do interdito.

2.3 Relativismo na efetivação

O relativismo seria, em primeiro lugar, histórico: ao tratar do julgamento moral sobre os comportamentos beligerantes, "pode-se imaginar encontrar dicotomias radicais em matéria de percepção e de compreensão entre culturas radicalmente separadas e dessemelhantes".[66] Se o passado de cada povo pode explicar em parte as resistências ao universalismo, logo, uma renacionalização do interdito do crime de guerra, ele deixa sem resposta a questão do futuro, que parece turbada por certa inadequação de um interdito que se edificou sobre a separação, atualmente ultrapassada (ao menos em parte), entre guerra e paz, inimigo combatente e população civil.

2.3.1 Renacionalização

Ainda é preciso que haja transposição. A questão da sua transposição para o direito interno se coloca antes mesmo da constatação da renacionalização do interdito. Afinal, vários estudos comparativos mostram uma resistência à criminalização do direito internacional humanitário.[67]

---

[64] *Le Procureur c. Dario Kordic et Mario Cerkez*, IT-95-14/2, *Julgamento*, 17 de dezembro de 2004, parágrafo 65.
[65] *Ibidem*, parágrafo 52.
[66] M. Walzer, *op. cit*, p. 68.
[67] *Juridictions militaires et d'exception: perspectives comparées et internationales*, organizado por E. Lambert-Adelgawad, Coédition AUF/éd. des Archives contemporaines, Collection "Actualité scientifique", 2007, 653p.; *Les nouvelles frontières du droit international*, organizado por J.-F. Flauss, Bruxelas: Bruylant, 2003, p. 135-175.

Começaremos pela França, que só agora, seis anos depois da assinatura do tratado que concerne à criação do Tribunal Penal Internacional, termina de elaborar o projeto de lei que permitirá incriminar os crimes de guerra no Código Penal (projeto de lei referente à adaptação do Código Penal Francês à instituição do TPI, apresentado no Conselho de Ministros em 26 de julho de 2006). A partir de 2002, porém, a *Commission Nationale Consultative des Droits de l'Homme* (CNCDH) evocou "a necessidade de preencher o vazio jurídico atual, em particular sobre os crimes de guerra";[68] do mesmo modo, a *Fédération International des Ligues des Droits de l'Homme* (FIDH) sublinhou, três anos mais tarde, que "o direito penal francês atual permite reprimir atos individuais isolados, mas não contém disposições e definições que permitam tomar em consideração a especificidade dos crimes de guerra".[69] É verdade que a França, sem dúvida em razão do seu passado colonial, manifestou várias vezes sua desconfiança em relação a tal qualificação penal, afastando a imprescritibilidade (Lei 1964) e, depois, usando a cláusula transitória (art. 124) para retardar a implementação do Estatuto do TPI nesse ponto. Se o projeto depositado em 2006 enfim preenche essa lacuna, ele separa o crime de guerra (L. IV. Crimes e Delitos de Guerra) do crime contra a humanidade (L. II. Crimes e Delitos contra as Pessoas), reservando, assim, a possibilidade de um regime autônomo, e assegura apenas uma transposição imperfeita do direito internacional, confirmando nossa hipótese, que opõe o universalismo do interdito ao relativismo da justificação.

Com efeito, para os atentados aos bens definidos como pilhagens (art. 461-15), o projeto de lei francês prevê fatos justificativos ampliados pela fórmula vaga "necessidades militares" (art. 461-16), enquanto o TPI exige que as infrações cometidas tenham sido "imperiosamente comandadas pelas necessidades do conflito" (art. 8º, §2º, "e"). Além disso, o projeto transpõe o fato justificativo previsto no mesmo Estatuto em favor da "pessoa que, para salvaguardar bens essenciais à sua sobrevivência ou à de outrem ou essenciais ao cumprimento de uma missão militar, pratica um ato de defesa, salvo se há desproporção entre os meios de defesa empregados e a gravidade da infração" (art. 462-9). Mas ele admite a combinação da legítima defesa e do estado de necessidade sem transpor a referência ao caráter "iminente e ilícito" do recurso à

---

[68] *La mise en œuvre du statut de la CPI*, CNCDH, Parecer de 19 de dezembro de 2002.
[69] *Etat des lieux de la mise en œuvre du principe de compétence universelle*, Relatório FIDH, junho de 2005.

força que desencadeia a resposta (art. 31, §1º, "c", Estatuto do TPI), ao passo que essa especificação condiciona o respeito à proporcionalidade. Longe de estar isolada, a posição francesa,[70] indo ao encontro da posição de outros países do estudo comparativo citado anteriormente, da América Latina à China passando pela África e pela Europa, tende a demonstrar a cautela dos Estados na transposição do direito internacional humanitário para seu Código Penal interno.[71]

Resta por examinar a posição dos Estados Unidos, singular tanto em razão de uma longa tradição penal da justiça militar americana, a qual, foi lembrado, inspirou ela mesma o direito internacional (*Código Lieber* supracitado), quanto em razão do seu *status* de "superpotência" na ordem internacional.[72]

O direito americano foi um dos primeiros a ter proclamado que o direito da guerra devia nortear-se pelos princípios de justiça, de honra e de humanidade: "virtudes que convêm ao soldado mais ainda que a qualquer homem, pela razão de que ele tem a potência das armas contra seres desarmados" (art. 4, *Código Lieber*, 1863). O Código não admite nenhuma justificação para "a crueldade", termo que engloba "a tortura a fim de obter informações" (art. 16, cf. arts. 56, 80). Os dispositivos que se seguiram, especialmente os mais recentes, como o texto, de 1950, intitulado *Uniform Code of Military Justice* (UCMJ) ou o *War Crime Act*, de 1996, não relacionam os crimes de guerra, mas enumeram algumas infrações penais passíveis de Cortes Marciais. É preciso especificar, ainda, que estas podem julgar não só os militares americanos, mas também os prisioneiros de guerra detidos pelas forças armadas americanas (conf. III Convenção de Genebra) e "qualquer pessoa que seja capturada pelas forças armadas enquanto combate para seu governo"; dito de outro modo, qualquer prisioneiro "inimigo de guerra", estando sublinhado que as Cortes Marciais aplicam as garantias essenciais de um processo justo e imparcial no sentido do direito constitucional americano e do direito internacional.

O contraste fica mais impressionante com a evolução posterior ao 11 de setembro de 2001, marcada pela subversão de dispositivos de direito penal e de direito civil em dispositivo administrativo, que não só não transpõe o direito internacional humanitário, mas transgride-o

---

[70] Ver C. Saas, Relatório francês em *Juridictions militaires et d'exception, op. cit.*, p. 313-354.
[71] Ver também E. David, "Le droit international humanitaire devant les juridictions nationales" in *Les nouvelles frontières du droit international*, organizado por. J. F. Flauss, Bruxelas: Bruylant, 2003, p. 135-175.
[72] D. Aman, "La justice militaire et civile aux Etats-Unis et les commissions militaires établies après le 11 septembre" in *Juridictions militaires et d'exception*, supracitado, p. 265-312.

abertamente, tal como transgride o direito internacional dos direitos humanos. Esse dispositivo repousa na criação, por decreto presidencial de 13 de novembro de 2001, de comissões militares cujos regulamentos derrogam o direito nacional e o direito internacional. Em junho de 2004, a Suprema Corte americana reintroduziu, em aplicação da Constituição, uma parte das garantias que haviam sido suprimidas;[73] mas o direito internacional parecia continuar fora do jogo. No caso *Hamdan vs. Rumsfeld*, de 29 de junho de 2006,[74] os juízes constatam majoritariamente, pela primeira vez, que as comissões transgrediram a um só tempo o direito americano (principalmente o *Uniform Code of Military Justice*) e o direito internacional que ele incorpora, em particular as Convenções de Genebra, sem, todavia, tomar uma posição clara sobre a aplicabilidade direta delas.[75]

A resposta do governo não se faria esperar. A pretexto da imprecisão dessas Convenções (notadamente do seu art. 3º comum), um projeto de lei é depositado em julho, e o *Military Commission Act*, destinado a proteger os *"political appointees*, os agentes da CIA e antigos militares"*,* será votado pelo Congresso em 17 de outubro de 2006. Mas nem a Suprema Corte nem o Congresso enfrentam a questão, particularmente embaraçosa, da eventual inadequação do interdito.

2.3.2 Inadequação

A inadequação atinge o paradigma em sua lógica própria, ou seja, não apenas a denominação "crime de guerra", mas também os conceitos que fundam o direito humanitário sobre uma separação nítida entre a guerra e a paz, os inimigos combatentes e os civis inocentes.

Entre guerra e paz, as operações de manutenção da paz (OMP), operações militares comprometidas em fazer a paz (*peace making*), são difíceis de classificar. Quer sejam nacionais (americanas, mais raramente, francesas), quer sejam multinacionais (ONU, OTAN, União Europeia – EU, União Africana – UA), as forças de manutenção da paz respondem a uma gradação sutil — indo da manutenção (*peace keeping*) à imposição da paz (*peace enforcement*) e mesmo à sua construção (*peace building*) —, que ora lhes aproxima das forças de manutenção da

---

[73] Ver *Rasul c. Bush* (2004, US) 542 U.S. 466; *Hamdi c. Rumsfeld* (2004, US) 432 US. 507.
[74] *Hamdan c. Rumsfeld* (2006, US) 126 S. Ct. 2749.
[75] Ver as duas notas da opinião majoritária, p. 2794, n. 57 e 58, comentário D. Amann, supracitado.

ordem (polícia), ora das forças armadas lançadas para a conquista de território, ou mesmo das forças de ocupação. Logo, o envio de tropas ao estrangeiro não pode ser automaticamente assemelhado a um ato de hostilidade: "em geral, a situação em que se coloca a questão de um envio de forças armadas ao estrangeiro apresenta-se, hoje, como um estágio intermediário entre esses dois extremos [a guerra e a paz] da vida política".[76] O autor faz observar, com efeito, que o Estado em que se encontram as tropas estrangeiras continua a existir, ainda que em dificuldade, enquanto o Estado de origem das forças armadas "não tem nenhuma intenção de subverter a ordem pública no Estado anfitrião, e sim de torná-lo estável ou, ao menos, contribuir para a manutenção do *status quo* político".

Isso é o mesmo que pronunciar a inadequação das categorias do direito humanitário e, mais amplamente, do direito internacional geral, que associa os privilégios de jurisdição (concedidos aos diplomatas, cônsules e altos representantes estatais) à manutenção de relações "normais", ou seja, pacíficas. Nenhum privilégio jurisdicional é tradicionalmente concedido às tropas estrangeiras, cuja presença é considerada o protótipo do ato hostil, e quando essas tropas ganham o controle efetivo do território, aplica-se o direito de ocupação.

Nas novas situações ligadas à manutenção da paz, o Estado anfitrião teoricamente mantém plena jurisdição sobre seu território, inclusive sobre os atos dos militares estrangeiros, ao passo que o Estado de origem procura isentar seus soldados da jurisdição do país anfitrião, visto que a maior parte das operações se desenrola em países dotados de sistemas penais muito diferentes (que aplicam, por exemplo, a *charia*). Como o modelo da OTAN é difícil de transpor para fora de um quadro geográfica e culturalmente limitado, desenvolve-se uma prática de acordos mútuos: SOFA (*Status of Forces Agreement*) e ROE (*Rules of Enrolement*). Na ausência de acordo, se se trata de operações postas sob controle da ONU, uma diretiva do Secretário-Geral (1999) que impõe o respeito ao direito humanitário atribui competência ao país de origem em caso de violações graves. Ora, a competência nacional parece mal adaptada a forças mais frequentemente multinacionais, mas a competência do Tribunal Penal Internacional, tanto mais necessária quanto mais essas forças se aproximam de operações policiais — podendo os

---

[76] D. E. Kahn, "Juridictions militaires et d'exception et opérations des militaires à l'étranger", Relatório Geral in *Juridictions militaires et d'exception*, supracitado.

militares tornarem-se informantes, ou mesmo auxiliares de justiça —, defronta-se com resistências políticas, em especial dos Estados Unidos.[77] Não é só o interdito do crime de guerra, é todo o quadro jurídico das operações de manutenção da paz que seria preciso reconstruir sobre o fundamento de valores comuns. Tal reconstrução, esboçada desde o quadro da Política Externa de Segurança Comum (PESC) até a emergência da Política Europeia de Segurança e de Defesa (PESD), continua muito insuficiente, mesmo numa escala europeia, limitada à União Europeia.[78] A fortiori na escala das Nações Unidas, em que a harmonização se limita a um projeto de recomendações da Subcomissão de Direitos Humanos.[79]

Trata-se do inquérito, da coleta de provas e mesmo da detenção dos suspeitos; a referência a valores comuns condiciona, entretanto, a própria noção de suspeito, que oscila entre o direito da guerra e o direito penal.

Entre combatente inimigo e civil criminoso vê-se aparecer, com efeito, uma terceira categoria, de "combatentes ilegais" (unlawful combattants), esboçada pela jurisprudência americana antes de ser explicitada pela Suprema Corte de Israel, em seu caso de 14 de dezembro de 2006,[80] a propósito dos "assassinatos seletivos".

A Suprema Corte dos Estados Unidos empregara essa expressão durante a Segunda Guerra Mundial, a propósito de sabotadores alemães detidos em território americano e julgados por uma comissão militar.[81] Ela especifica, então, a diferença: enquanto os combatentes legais se beneficiam, quando capturados e detidos, do estatuto definido pelo direito humanitário como o de prisioneiro de guerra, os combatentes ilegais têm estatuto duplo: como combatentes, eles podem ser capturados e detidos, mas como autores de atos ilegais, podem ser julgados e punidos conforme um procedimento de exceção. Sabe-se que a fórmula será retomada no decreto de Bush de 13 de novembro de 2001,

---

[77] Sobre as imunidades previstas pelo direito americano e as resoluções do Conselho de Segurança da ONU, ver B. Cathala, "Les opérations de maintien de la paix et la CPI: une relation complexe et obligée" in Missions militaires de Peace Keeping et coopération en matière pénale, organizado por S. Manacorda, Conselho da Magistratura Italiana, 2004, p. 297-318.

[78] S. Manacorda, "Politique de sécurité et de défense de l'UE: aspects de droit penal" in Missions... supracitado, p. 325-354.

[79] L'application du droit international humanitaire et des droits de l'homme aux organisations internationales, organizado por R. Kolb, G. Porretto et S. Vité, Bruxelas: Bruylant, 2005; Relatório E. Decaux, "Question de l'administration de la justice par les tribunaux militaires", E/CN.4/2006/58.

[80] HCJ 769/02, 16 de dezembro 2006.

[81] Ex-parte Quirin (1942, US) 317 U. S. 1.

a propósito dos terroristas, e que será admitida pela Suprema Corte em 2004,[82] sob a reserva de algumas garantias processuais. Ao não lhes conceder nem os direitos dos prisioneiros de guerra, nem os direitos reconhecidos aos acusados num processo penal, tal estatuto de "fora da lei" (*outlaw*) oferece o risco de criar um buraco negro (*black hole*) no Estado de Direito. Daí a recusa da Suprema Corte de Israel em se ater a tal concepção: *God created them as well in his image: their human dignity as well is to be honoured; they as well enjoy and are entitled to protection, even if most minimal, by costumary international law* (Deus também os criou à sua imagem: sua dignidade humana também deve ser honrada; eles também gozam e são titulares de um direito de proteção, ainda que mínima, pelo direito internacional costumeiro). A consequência, posto que, segundo a referida Corte, a nova realidade convida a uma nova interpretação, é reconhecer explicitamente o aparecimento de uma terceira categoria, que escapa à distinção entre civis e combatentes. Recusando-se a decidir de antemão que todo assassinato seletivo seja contrário ou conforme ao direito internacional, os juízes estabeleceram certo número de condições preliminares à "execução".

É preciso saudar esse esforço para abordar de frente, tendo como referência as garantias de um Estado de Direito, uma questão das mais difíceis: reconhecendo que o direito é particularmente necessário em caso de guerra — *it is when the cannons roar that we specially need the laws* (é quando os canhões troam que mais precisamos das leis) —, a Corte é consciente do desafio posto pela prática chamada de "assassinatos seletivos", segundo a qual os "combatentes ilegais" não têm nem os direitos dos prisioneiros de guerra — se forem pegos serão julgados como criminosos —, nem os direitos dos civis: eles podem ser assassinados sem julgamento prévio, como inimigos em combate, e os "danos colaterais", pelo que se entende a morte de civis inocentes, são admitidos, sob a reserva de um princípio de proporcionalidade aplicado caso a caso.

Embora a Corte evoque a jurisprudência dos Tribunais Penais Internacionais e da Corte Europeia de Direitos Humanos sobre a legítima defesa, sua posição, baseada num princípio de equilíbrio, que recusa o *tudo ou nada*, leva a uma renacionalização do direito aplicável. Ao afastar o paradigma do crime de guerra, ela é levada a esboçar, como os Estados Unidos antes dela, um novo paradigma, o da guerra

---

[82] *Hamdi c. Rumsfeld*, supracitado.

contra o crime, que oferece o risco não só de obscurecer a distinção entre direito penal e direito da guerra, mas também de arruinar a ideia de valores comuns.

Se o paradigma do crime de guerra parece inelutavelmente ultrapassado, não é certo que a melhor solução consiste em renacionalizar o direito aplicável às piores violências, com o risco de se desencadear um processo regressivo de vingança em cadeia. Para avaliar tal risco examinaremos em que medida, longe de favorecer a construção de valores comuns que limitem o inumano, o novo paradigma da guerra contra o crime poderá conduzir à sua legitimação.

3 O paradigma da guerra contra o crime – Legitimar o inumano?

À diferença do crime de guerra, que é uma categoria jurídica tanto de direito interno quanto de direito internacional, a "guerra contra o crime" é, em princípio, um *slogan* político, uma propaganda ideológica que decorre de certo "populismo penal",[83] essa "metamorfose de uma inquietude democrática" que declararia chegado "o tempo das vítimas".[84] Tendo como alvo crimes que chocam a opinião pública (tráfico de entorpecentes, crime organizado, corrupção, terrorismo), o *slogan*, com frequência acompanhado de propósitos compassivos em relação às vítimas e de discursos enérgicos sobre criminosos e a tolerância zero, é empregado como uma metáfora destinada a tornar popular um endurecimento da repressão.

O fenômeno tem raízes antigas, sobretudo na Europa, e o Professor Francesco Palazzo[85] mostrou como países democráticos, tais quais o Reino Unido, a Itália, a Alemanha, e depois, a Espanha e a França, para citar os principais exemplos,[86] praticaram-no de forma mais ou menos explícita em cada época antes de se defrontarem, como os outros, com o choque do 11 de Setembro de 2001.

Pois faltava um choque para que, remetida ao primeiro nível da ética, a metáfora bélica, uma vez destituída de toda violência, se tornasse um verdadeiro paradigma. Considerados o equivalente de uma agressão armada, os atentados terroristas fizeram com que os

---

[83] D. Salas, *La volonté de punir – essai sur le populisme penal*, Paris: Hachette, 2005.
[84] C. Eliacheff e D. Soulez-Larivière, *Le temps des victimes*, Paris: Albin Michel, 2007.
[85] F. Palazzo, "Contrasto al terrorismo, diritto penale, del nemico e principi fondamentali", *Questione Jiustizia*, n. 4, 2006, p. 666-686.
[86] Ver também "Terrorisme sans frontières" in *Le relatif et l'universel, op. cit.*, p. 285-307.

Estados Unidos instaurassem um paradigma inteiramente novo: novo vocabulário (inimigos combatentes ilegais), novas instituições (nem as jurisdições ordinárias, nem as jurisdições militares, mas as comissões administrativas militares), novo sistema de valores (depois do escândalo da prisão de Abu Ghraib, o *Military Commissions Act*, de outubro de 2006, mais restritivo que o *War Crimes Act*, limita o interdito da tortura aos casos mais graves e confere autoridade ao presidente dos EUA para interpretar o sentido das Convenções de Genebra).

Estendido de modo progressivo à maioria dos países, democráticos ou não, esse paradigma parece conduzir diretamente da guerra contra o crime a uma "guerra contra os direitos humanos".[87] Ampliada à defesa preventiva e mesmo preemptiva, a legítima defesa, se cada Estado aprecia as suas modalidades, acaba por legitimar, em nome da eficácia, todos os meios, inclusive os inumanos: *there is growing evidence that torture of suspected terrorists is already an element of the global war on terrorism*[88] (há uma evidência crescente de que a tortura de supostos terroristas já seja um elemento da guerra global contra o terrorismo).

A ruptura é dupla, pois que o novo paradigma, emprestando elementos do direito da guerra, tende a uma *militarização do direito penal nacional*, que resulta na doutrina do direito penal do inimigo, afastando completamente as garantias do direito internacional, a ponto de conduzir, a despeito dos interditos do direito humanitário e do direito internacional dos direitos humanos, a uma *renacionalização dos valores*.

3.1 Militarização do direito penal nacional

"Militarização", pois que a força do *slogan* da guerra contra o crime é de fato deslocar as linhas do direito penal para o direito da guerra e, com isso, construir um novo paradigma. Novo mas inalcançado, pois que os empréstimos à lógica de guerra tendem a transformar o instrumento jurídico em "arma de guerra", sem se preocupar em reconstruir um sistema completo e coerente, havendo o risco, como mostra Palazzo, de deformar progressivamente todo o sistema penal a partir da "dilatação da figura do inimigo".[89]

---

[87] D. Rose, *Guantanamo – America's War on Human Rights*, Londres: Faber and Faber, 2004.
[88] F. Jessberger, "Bad torture, good torture", *JICJ* 3 (2005) 1059-1073; P. Gaeta "May necessity be available as a defense for torture in the interrogation of suspected terrorists?", *JICJ* 2 (2004) 785-794.
[89] F. Palazzo, *op. cit.*, p. 666-686; ver também M. Garrigos-Kerjean, "La tendance sécuritaire de la lutte contre le terrorisme, APC 2006, p. 189-214; A. A. Batarrita e M. Alvarez Vizcaya, "La répression du terrorisme en Espagne", *Ibidem*, p. 215-236, especialmente p. 216-224.

Ora, esse efeito de desconstrução é agravado pela exclusão das garantias, as do direito penal mas também as do direito internacional humanitário, com risco de criar, assim, para retomar a expressão de um juiz britânico, um tipo de "buraco negro" (*black hole*) no coração do Estado de Direito,[90] embora as Cortes Supremas tentem, com mais ou menos sucesso, colmatar essa lacuna.

3.1.1 Empréstimos à lógica da guerra

A lógica da guerra começa por uma transferência de poderes: poderes de investigação, habitualmente confiados aos serviços policiais, controlados pelas autoridades judiciárias, são transferidos aos serviços secretos, controlados pelas forças armadas, e poderes de detenção, de julgar a culpa e pronunciar as penas, são transferidos das jurisdições comuns às jurisdições militares, ou mesmo às comissões militares de caráter administrativo. Quer se trate de princípios de independência e de imparcialidade dos juízes, quer se trate das regras do devido processo legal, essa *desjuridicização* transforma o sistema penal, como se pode observar na Europa e, mais claramente ainda, nos Estados Unidos, depois de 11 de setembro de 2001.

É verdade que a transformação pode parecer mais radical quando confrontada com a ideologia liberal anglo-americana, fundada numa desconfiança em relação ao Estado centralizado, com as suas consequências sobre um procedimento penal, dito acusatório, que continua nas mãos de atores privados, do que no quadro romano-germânico, fortemente estatizado, que privilegia um procedimento, dito inquisitório, conduzido pelos atores públicos. Partindo dessa constatação, Antoine Garapon julga que a democracia americana seria vítima de "suas próprias proteções", chegando a explicar, pela fábula do carvalho americano comparado à rosa francesa,[91] que a legalização da tortura seria uma consequência inevitável de um hiperlegalismo enraizado numa concepção moral rígida, que exclui toda transgressão do interdito, ao que ele opõe a concepção francesa, mais acomodadora. O paradigma bélico seria, portanto, o efeito paradoxal de uma cultura mais virtuosa e mais protetora das liberdades.

---

[90] J. Steyn, "Guantanamo Bay: the legal black hole", *International and Comparative Law Quarterly* (2004); G. Fletcher, "Black hole in Guantanamo Bay", JICJ 2 (2004) 121-132.

[91] A. Garapon, "The oak and the reed: terrorism mechanism in France and the USA", *Symposium Terrorism, Globalization and the rule of law*, 2006, 27 Cardozo L. Rev. 2041.

No entanto, a evolução diversa do sistema britânico, de inspiração igualmente liberal e dotado de um procedimento de inspiração igualmente acusatória, mostra que não se deve subestimar nem os fatores políticos (governo trabalhista de um lado, republicano de outro), nem os fatores jurídicos, mais precisamente o impacto do direito internacional: o Reino Unido integrou a Convenção Europeia de Direitos Humanos (CESDH) ao seu direito positivo, enquanto nos Estados Unidos as resoluções da Comissão Interamericana de Direitos Humanos (CIADH)[92] e da Subcomissão de Direitos Humanos da Organização das Nações Unidas,[93] bem como as observações do Comitê Contra a Tortura, em maio de 2006, e do Comitê de Direitos Humanos, em julho de 2006, continuavam letra morta.

Quaisquer que sejam as razões, é fato que o direito americano é a ilustração mais completa do risco de desconstrução do sistema penal de um Estado Democrático pelo paradigma da guerra contra o crime e, mais precisamente, depois da guerra contra o terrorismo, pela criação de comissões administrativas militares, distintas de verdadeiras jurisdições penais, ordinárias ou militares.[94] O procedimento instaurado pelo decreto de 13 de novembro de 2001 havia sido anunciado como *full and fair*, mas os regulamentos de aplicação se abstiveram de enunciar as regras protetoras anunciadas, ao preço de uma desordem tal que, em 2004, dois procuradores encarregados de representar os Estados Unidos junto às comissões preferiram se demitir e, em 2006, um tenente-coronel da Marinha, destacado para representar os detentos, escreveu na grande imprensa: "o que eu quero desesperadamente saber é: quais são as regras?". Quer se tratasse da organização do contraditório, da escolha do advogado, das regras da instrução probatória ou da duração da prisão cautelar, foram necessárias numerosas intervenções da Suprema Corte para que as regras fossem, se não perfeitamente esclarecidas, ao menos explicitamente formuladas, e o Estado de Direito parcialmente salvo.

Apenas parcialmente, pois que resta o segundo empréstimo à lógica de guerra: *desindividualização*, quer se tratasse de imputar a culpa, quer se tratasse de determinar a pena. O paradigma da guerra contra o crime de fato partilha com o crime de guerra uma característica

---

[92] Resolução de 12 de dezembro de 2001, Relatório *Terrorisme et droits de l'homme*, 21 de outubro de 2002, que exclui o julgamento de civis por jurisdições militares. Ver K. Martin-Chenut, "Les juridictions militaires et d'exception dans le système interaméricain de protection des droits de l'homme", *Juridictions militaires et d'exception*, supracitado, p. 553-570.
[93] Resolução 2005/15: E. Decaux, "L'administration de la justice par les tribunaux militaires", *Ibidem*.
[94] D. Amann, "La justice militaire et civile aux Etats-Unis...", supracitado, *Ibidem*.

que, na norma penal, seria invertida: "a guerra é permitida e o crime é proibido; os beligerantes respeitam, portanto, a norma imperativa (elaborada em termos de obrigação de respeitar)". Retornando assim à constatação de Hannah Arendt sobre a normalidade de Eichmann, "muito mais aterradora que todas as atrocidades juntas",[95] Hélène Dumont sublinha, a seu turno, que os criminosos de guerra "seriam antes obedientes, em vez de serem desviantes, como de hábito se representam os criminosos".[96] Obedientes e, talvez, heróis aos olhos de seus compatriotas. À imagem dos chefes militares, japoneses, sérvios, croatas ou tutsis, os bascos do ETA,[97] como os membros de outros movimentos de libertação, acabam por se beneficiar da dinâmica valorizadora criada pelo vocabulário bélico, mas num contexto de política criminal interna, e não internacional.

Pois que à lógica da guerra não se segue, como seria de esperar, uma internacionalização do direito, mas uma mudança limitada ao direito interno e marcada por um deslizamento da culpa do criminoso (afastado da normatividade) à periculosidade do desviante (afastado da normalidade), que caracteriza a passagem de um modelo liberal ou autoritário, que separa os dois conceitos, para um modelo totalitário, que os confunde.[98] Em suma, o paradigma da guerra leva ao abandono da visão dogmática jurídico-moral (crime, culpa, punição) em proveito de uma visão pragmática, que associa a segurança do Estado e a defesa social. Fundamentada num conceito impreciso de estado de perigo, que se supõe pelo simples pertencimento a um grupo reputado inimigo, o objetivo é a neutralização e, mesmo, a eliminação do criminoso ou desviante.

É assim que o efeito de desconstrução do direito penal nacional, ao se combinar com a exclusão das garantias internacionais, oferece o risco de abrir um buraco negro no Estado de Direito.

3.1.2 Um buraco negro no Estado de Direito?

Em sua reação inicial aos atentados de 11 de setembro de 2001, a administração Bush parece não ter decidido claramente se

---

[95] H. Arendt, op. cit., p. 1284.
[96] H. Dumont, "La puissance des mots: des maux que l'on doit qualifier de criminels ou le difficile passage d'une logique de guerre à une logique de droit penal", Cahiers de défense sociale, 2005.
[97] A. A. Batarrita e M. Alvarez Vizcaya, "La répression du terrorisme en Espagne", supracitado, p. 222.
[98] Les grands systèmes de politique criminelle, op. cit., p. 198-222.

os atentados deviam ser considerados atos de guerra praticados por grupos terroristas transnacionais sob o patrocínio de certos Estados ou atos criminosos praticados por Osama bin Laden, seus coautores e cúmplices. Essa incerteza quanto à distinção entre guerra e crime enseja uma incerteza quanto ao estatuto jurídico do terrorista: considerado a um só tempo inimigo (lógica da guerra, que exclui as garantias do direito interno) e criminoso (lógica do crime, que afasta a aplicabilidade do direito internacional humanitário), o terrorista, qualificado de combatente ilegal (*unlawful combattant*), tornar-se-ia um fora da lei não fossem os esforços de juízes em contribuir, reintroduzindo algumas garantias, para a construção de um paradigma compatível com um Estado de Direito.

A partir de 2004, as Cortes Supremas dos Estados Unidos e do Reino Unido, fortemente engajados na "guerra contra o terrorismo", passam a se esforçar para reintroduzir algumas garantias, inspirando-se seja no direito penal, seja no direito internacional. Numa espécie de braço de ferro com o legislador (governo e parlamento), elas tiveram, porém, dificuldade para esclarecer a questão do estatuto dos combatentes terroristas.

Pouco depois do julgamento do caso *Rasul, Padilla e Hamdi*, de 2004 (EUA), que impõe um controle judiciário de todas as detenções, concernentes a cidadãos americanos ou estrangeiros, foi votado o *Detainee Treatement Act*, de 30 de dezembro de 2005. À primeira vista, essa lei parece estender as decisões da Suprema Corte que interditam os tratamentos cruéis, inumanos ou degradantes contra toda pessoa detida nos Estados Unidos ou sob controle do governo dos Estados Unidos, qualquer que seja a nacionalidade do detido e o lugar da detenção (seção 1003, "b"). No entanto, o impacto desse texto, sem efeito retroativo, continua incerto na realidade, pois que nada indica o conteúdo, nem a sanção, da proibição que ele decreta. Tendo o presidente Bush sugerido, no momento em que apunha a sua assinatura à lei, que sua execução poderia estar subordinada ao Poder Executivo, atraiu para si essa questão instigante, evidentemente deixada sem resposta: "can the President be torturer in chief?" (pode o Presidente ser o chefe supremo da tortura?).[99]

A decisão *Hamdan*, de junho de 2006, que, como se viu, evoca as Convenções de Genebra, ocasionou a resposta legislativa de outubro

---

[99] H. Koh, "Can the President be torturer in chief?", *Indian Law Journal*, 81, Autumn 2006: 1145-1167, p. 1154-1155.

de 2006 (*Military Commission Act*), que confia igualmente ao presidente o poder de interpretar o direito, mas trata-se, desta vez, do direito internacional humanitário.

No Reino Unido o cenário é aparentemente comparável. Em 2004, a Câmara dos Lordes anulou a lei de novembro de 2001 contra o terrorismo porque ela introduzia uma discriminação entre britânicos e estrangeiros.[100] A resposta não se fez esperar: a lei de 11 de março de 2005 estendeu o regime de repressão ao conjunto dos acusados, independentemente da sua nacionalidade. Em 2005, a renovada Câmara dos Lordes invocaria novamente as garantias do Estado de Direito ao censurar o emprego de informações colhidas sob tortura como prova.[101] Todavia, a margem de manobra do legislador é nitidamente mais limitada, em razão dos compromissos internacionais do Reino Unido, e os argumentos dos juízes são, de resto, mais diretamente inspirados no direito internacional e, em particular, na Convenção Europeia de Direitos Humanos, a qual se tornou de aplicabilidade imediata depois do *Human Rights Act*, de 1998, que, muito oportunamente, entrou em vigor em 2000.

Mas não basta reintroduzir garantias, mesmo internacionais, para tornar estáveis a jurisprudência e a legislação; falta ainda definir a coerência do conjunto, portanto, construir o paradigma que caracteriza essa criminalidade, nem civil nem militar. Foi isso que a Suprema Corte de Israel tentou fazer em sua decisão de dezembro de 2006 sobre os assassinatos seletivos. Lembre-se que então ela recusou explicitamente condenar os terroristas como foras da lei: *unlawful combatants are not beyond the law; they are not outlaws. God created them as well in his image; their human dignity as well is to be honoured; they as well enjoy and are entitled to protection, even if most minimal, by customary international law* (os combatentes ilegais não estão além da lei, eles não são fora da lei. Deus também os criou à sua imagem; a sua dignidade humana também deve ser honrada; eles também gozam e são titulares de um direito de proteção, ainda que mínima, pelo direito internacional costumeiro). Ela deduz a necessidade de reconhecer uma terceira categoria, interposta entre civis e combatentes, e se esforça em definir um verdadeiro estatuto para os civis qualificados de combatentes ilegais (*civilians who are unlawful combatants*). O caminho dos juízes consiste em procurar

---

[100] [2004] UKHL, 56, D. 2005, p. 1055, nota Martin; JC Paye, "Le *Prevention Security Act* de 2005", RTDH 2005, p. 635-647.

[101] [2005] UKHL, 71, T. Thienel, "Foreign acts of torture and the admissibility of evidence", JICJ 4 (2006), 401-409.

Os princípios de base desse estatuto no direito internacional (Primeiro Protocolo às Convenções de Genebra, não ratificado por Israel, mas considerado expressão do direito costumeiro). Sublinhando que o Tribunal Penal Internacional (TPI) contentou-se em definir o civil como o antípoda do combatente (caso *Blaskic*),[102] os juízes invocam mais precisamente o art. 51 (3) do Primeiro Protocolo, segundo o qual os civis apenas são protegidos se não tomam "parte diretamente nas hostilidades", para dele extrair os três critérios que transformam um civil em combatente ilegal: tomar parte nas hostilidades, de forma direta e no momento mesmo dos fatos. Longamente explicitados na decisão, tais critérios são de difícil aplicação, obrigando ao abandono da lógica do *tudo ou nada* em proveito de uma gradação, mais sutil e mais incerta, que implica o recurso ao princípio de proporcionalidade e a sua aplicação no direito costumeiro internacional. Daí a análise de diversos exemplos, que vão da jurisprudência do TPI (*Kupreskic*)[103] e da Corte Internacional de Justiça (CIJ) (Parecer supracitado sobre as armas nucleares)[104] até a jurisprudência dos Tribunais Regionais. Para demonstrar que o fim não justifica os meios, a Suprema Corte de Israel não hesita em citar (novo exemplo desse diálogo internacional dos juízes)[105] a Corte Europeia de Direitos Humanos (CEDH) (caso *Mc Cann vs. RU*, no qual a CEDH condenava dois membros do Exército Republicano Irlandês – IRA à execução pela polícia britânica)[106] e a Corte Interamericana (caso *Velasquez vs. Honduras*).[107] Finalmente, os juízes retornaram, porém, à noção do equilíbrio entre segurança e liberdade, que, na falta de controle supranacional, decorre de uma escolha puramente nacional.

Ao se dedicar a definir essa terceira categoria, entre os civis e os combatentes, a partir do direito nacional e do direito internacional, a Suprema Corte de Israel esboça a construção de um paradigma que se distinguiria tanto do direito penal interno quanto do direito da guerra, remontando assim à posição, mais teórica, defendida pouco antes por Michel Rosenfeld.

Constatando que nenhuma das decisões tomadas entre 2004 e 2005 pelas três Cortes Supremas (EUA, Reino Unido e Israel) dá uma

---

[102] Proc. v. *Blaskic* (2000), TPIY IT 95-14-T, parágrafo 180.
[103] Proc. c. *Kupreskic* (2000), TPIY IT 95-16.
[104] CIJ, 08 de julho de 1996, *Licéité de la menace ou de l'emploi d'armes nucléaires*.
[105] Ver *La refondation des pouvoirs*, Paris: Seuil, 2007.
[106] Caso *Mc Cann e outros v. RU*, CEDH, 27 de setembro de 1995.
[107] Caso *Velasquez Rodriguez v. Honduras*, IA n. 4, 1, parágrafo 154, 1988.

resposta perfeitamente adequada, o comparatista americano sublinha de imediato que a situação nascida do terrorismo não corresponde nem a uma situação de crise ou de urgência, que reclamaria a aplicação do direito da guerra, nem a uma situação ordinária que tenha origem no direito penal. Para sair do impasse, ele propõe qualificar essa situação inédita de "stress"[108] e, a fim de ilustrar a sua proposta, cita a opinião de Lord Hofmann, que lembrou perante a Câmara dos Lordes que o Reino Unido sobrevivera à Segunda Guerra Mundial e sublinhou vigorosamente que o terrorismo não ameaçava a vida da nação: *whether we would survive Hitler hung in the balance, but there is no doubt that we shall survive Al Quaeda* (não se sabe se sobreviveríamos a Hitler, mas não há dúvida de que sobreviveremos à Al-Qaeda).[109]

Em resposta às situações de "stress", Michel Rosenfeld sugere distinguir o paradigma da "guerra contra o terror" (*war on terror*) do paradigma securitário e policial (*police power law*), às vezes associado à "guerra contra o crime". Caracterizado pelo recurso ao princípio de proporcionalidade entre a ameaça e a resposta e ao princípio do equilíbrio entre segurança e liberdade, esse paradigma, que Rosenfeld concebe como "dinâmico, evolutivo e adaptado às necessidades e problemas da guerra contra o terror" (*conceived as a dynamic one, evolving and adapting to the needs and problems of the war on terror*), permitiria, segundo ele, resolver toda situação caso a caso.

A argumentação é sedutora, pois que evita a escolha, impossível, entre lógica da guerra e lógica da paz, mas é convincente apenas em parte, pois que justamente a metáfora bélica, com a pesada carga emocional que implica, não é abandonada. Além disso, os princípios propostos são deixados à apreciação de cada Tribunal Nacional, e a análise, puramente constitucionalista, não valoriza as diferenças de um país para o outro no que se refere à integração do direito internacional. Contudo, são acentuadas as diferenças entre o Reino Unido, tendo em vista os seus compromissos internacionais europeus e mundiais, o Estado de Israel, avaro em ratificações do direito internacional convencional, mas zeloso em provar a sua boa vontade em respeitar o direito internacional costumeiro, e os Estados Unidos, superpotência que assemelha o Estado de Direito às garantias da sua própria constituição.

---

[108] M. Rosenfeld, "Judicial balancing in times of stress: comparing the American, the British and Israeli approach to the war on terror" in *Symposium Terrorism, Globalization and the Rule of Law*, supracitado.

[109] A (FC) v. Sec. of State of the Home Dept. [2004] UKL 56 [2005] 2 A. C. 68, 132 HL (Lord Hofmann concurring).

Dito de outro modo, o método proposto, com base no equilíbrio entre a segurança e as liberdades, que, aliás, parece ter inspirado a decisão da Suprema Corte de Israel, evita o buraco negro, mas continua essencialmente nacional e deixa sem resposta os eventuais conflitos de valores.

No momento mesmo em que se vê reaparecer um debate, que se acreditava encerrado, sobre o uso e mesmo a legitimação da tortura, o paradigma da guerra (contra o terror ou contra o crime) de fato implica o risco, renacionalizando o interdito do inumano, de renunciar a construir uma comunidade humana de valores.

3.2 Renacionalização dos valores

O interdito da tortura, posto em escala internacional, regional e mundial, exprime o reconhecimento da igual dignidade de todo ser humano em escala planetária. Se ele é um valor de caráter universal, também o é a igual dignidade, inscrita no art. 1º da Declaração Universal dos Direitos Humanos (DUDH). No entanto, a publicação em 2004 de fotos que revelaram certas práticas americanas de tratamento dos prisioneiros no Iraque[110] recolocou brutalmente em questão o universalismo do interdito. Em nome do pragmatismo, a guerra contra o terrorismo implicaria a apreciação soberana por cada Estado dos meios aceitáveis, inclusive a despeito dos instrumentos de proteção dos direitos humanos: *perhaps more alarming than the reports on factual recourse to torture itself are the attempts to justify torture legally [...] the unthinkable is not only beeing thought but openly discussed*[111] (talvez mais alarmante do que os próprios relatórios sobre o recurso de fato à tortura sejam as tentativas de justificá-la juridicamente [...] o impensável não está sendo apenas pensado, mas abertamente discutido).

Moralmente sensível (não se retornará aqui à comparação de Antoine Garapon entre as culturas francesa e americana), a questão é juridicamente complexa. Ela de fato se situa na confluência de diversos conjuntos normativos, muito heterogêneos. De um lado, os direitos humanos: o interdito da tortura, forma extrema de tratamento inumano ou degradante, emana de instrumentos de proteção dos direitos humanos e do direito internacional humanitário, incluindo as normas regionais e mundiais, gerais e especiais, imperativas e não imperativas.

---

[110] D. Amann, *Abu Ghraib*, Univ. Pens. Law Rev. (2005), v. 153-2084-2041.
[111] F. Jesseberger, "Bad torture good torture...", supracitado.

De outro lado, o direito penal: na ausência de uma definição geral, enquadra-se a repressão ao terrorismo em uma dúzia de convenções internacionais[112] e em diversos dispositivos regionais que organizam uma cooperação interestatal com vistas à prevenção e à repressão de certos crimes qualificados como terroristas, mas sem abordar a questão da tortura. Ao contrário, o direito internacional penal, que não visa diretamente o terrorismo, mas os crimes de guerra e os crimes contra a humanidade, parece admitir a tortura dita preventiva (aquela que se destinaria a salvar vidas humanas) como causa de exclusão da responsabilidade criminal, a exemplo da legítima defesa de si mesmo ou de outrem e do estado de necessidade (art. 31, §1º, "c" e "d", Estatuto do TPI), ao risco de contradizer a regra da interpretação compatível com os direitos humanos (art. 21, §3º, Estatuto do TPI).

Enfim, a recente incriminação, como crime de guerra, de atos de violência praticados "no intuito principal de espalhar o terror em meio à população civil" não contribui para esclarecer o conjunto. Assemelhado pelo art. 3º do Estatuto do Tribunal Penal Internacional para a ex-Iugoslávia (TPIY) a uma violação às leis e aos costumes de guerra, "a aterrorização, na condição de crime de direito internacional humanitário, torna-se aplicável em virtude do direito convencional". O Tribunal da Haia não se considera, porém, obrigado a se pronunciar sobre a questão de saber se "o crime de aterrorização encontra igualmente seu fundamento no direito costumeiro".[113]

O direito costumeiro é tanto mais incerto porque, depois de 11 de setembro de 2001, tudo se passa como se a situação se houvesse invertido: qualificando os atentados terroristas de "ameaças à paz e à segurança internacionais", e, portanto, autorizando a legítima defesa do Estado agredido, o Conselho de Segurança e a Assembleia Geral da ONU abriram caminho para a legitimação da guerra contra o terrorismo, embora, no mesmo lance, o interdito do inumano possa ter sido renacionalizado, dado que, na ausência de um Tribunal mundial de direitos humanos, cada Estado apreciaria soberanamente os meios e a dimensão da resposta.

Ao contrário do paradigma do crime de guerra, que universaliza o interdito do inumano, o paradigma da guerra contra o terrorismo levaria, assim, a uma renacionalização dos valores: estender o conceito

---

[112] Ver a lista das convenções no *site* das Nações Unidas: <http://untreaty.un.org/French/Terrorism.asp>.

[113] *Proc. v. Stanislav Galic*, IT 98629-T, julgamento TPIY 05 de dezembro de 2003, parágrafos 133-138, Opinião Dissidente do Juiz Nieto Navia.

de legítima defesa ao terrorismo sem enquadrá-lo num repertório de valores comuns pode levar indiretamente a deixar aos Estados a legitimação da tortura de forma discricionária. A menos que, como tenta fazer a Assembleia Geral das Nações Unidas, se logre reconstruir a relação entre terrorismo e tortura precisamente em torno de valores comuns, associando, em vez de opondo, a luta contra o terrorismo e o interdito do inumano.[114]

3.2.1 Estender a legítima defesa ao terrorismo

As duas resoluções (1368 e 1373) adotadas pelo Conselho de Segurança das Nações Unidas em 12 e 28 de setembro de 2001 são inequívocas: os ataques terroristas de 11 de setembro, "como todo ato terrorista internacional, constituem uma ameaça à paz e à segurança internacionais". A primeira resolução reconhece o "direito inerente à legítima defesa" e a segunda o reafirma, qualificando-o de "direito natural de legítima defesa, individual ou coletiva".

Em compensação, o argumento da defesa preventiva, apresentado na primeira hora pelo governo americano em apoio aos ataques efetuados contra o Iraque, em 2003, que suscitou fortes reservas, especialmente da França, não será ao final invocado: "parece correto concluir que, atualmente, essa forma de legítima defesa ainda é proibida pela Carta, sobretudo tendo em conta os riscos de abuso aos quais ela se presta".[115]

A questão, todavia, é desde então discutida, e o "grupo de personalidades de grande renome" solicitado pelo Secretário-Geral já considera possível uma legítima defesa por antecipação. Esse grupo distingue o direito de intervir em caso de ameaça iminente ou próxima (*preemptive self-defense*), segundo ele, reconhecido pelo direito internacional sob várias condições, em especial a proporcionalidade, e o direito de intervir em caso de simples ameaça (*preventive self-defense*), que o Conselho de Segurança poderia autorizar: "se há argumentos sólidos em favor de uma intervenção militar preventiva (por exemplo, no caso de terroristas que dispõem de arma nuclear) e provas sólidas a respaldá-la, dever-se-ia recorrer ao Conselho de Segurança, que

---

[114] Ver especialmente sua Resolução 60/158, de 20 de fevereiro de 2006, "Protection des droits de l'homme et de libertés fondamentales dans la lutte contre le terrorisme".

[115] A. Cassese, "Article 51" in *La charte des Nations Unies, Commentaire article par article, op. cit.*, organizado por J. P. Cot, A. Pellet e M. Forteau, 3ᵉ éd. Paris: Economica, 2005, p. 1341.

poderia decidir autorizá-la".[116] Temendo eventuais abusos da parte de potências grandes e médias, Antonio Cassese tem reservas a essa análise. Ele admite, porém, que uma ampliação da legítima defesa é sem dúvida necessária numa época em que a tecnologia, principalmente a nuclear, coloca armas de destruição de massa ao alcance de grupos terroristas. Ele propõe, então, modificar a Carta para autorizar a legítima defesa preventiva, definindo com mais cuidado, no entanto, condições tais como as provas da ameaça ou a proporcionalidade da resposta e prevendo um procedimento de arbitragem e de reparação em caso de transgressão.

O exemplo do campo de Abu Ghraib demonstra, entretanto, que o problema não é apenas a legitimidade da defesa, mas também a da resposta. Dito de outro modo, restaria por estabelecer as condições substanciais da legítima defesa em relação aos valores universais. Os instrumentos internacionais de proteção dos direitos humanos admitem, com efeito, uma diferença maior entre o direito à vida, que não exclui, se a proporcionalidade é respeitada, o homicídio em situação de legítima defesa, e o direito à dignidade, que fundamenta o interdito, inderrogável, da tortura e dos tratamentos inumanos ou degradantes. Se a Carta deve ser modificada para estender explicitamente a legítima defesa ao risco de atentado terrorista, essa evocação será necessária, dado que as práticas de tortura desenvolvem-se no quadro das medidas contra o terrorismo.[117] É significativo, aliás, que numerosos governos, em vez de processarem e julgarem eles mesmos os suspeitos de nacionalidade estrangeira, prefiram transferi-los para seu país de origem ou para outro país, ainda que sob o risco de tortura: à margem do direito internacional desenvolve-se, assim, a prática das "garantias diplomáticas".

Prática muito discutível, pois que, se se trata de simples promessas que dissimulam a responsabilidade de cada Estado,[118] na realidade ela atesta dificuldades ligadas à internacionalização do terrorismo e à inadequação de respostas puramente nacionais. Do mesmo modo, ela demonstra os limites do direito internacional clássico, ao qual o paradigma da guerra contra o terrorismo inevitavelmente nos reconduz. Não há dúvida de que o realismo convida a considerar certos atentados

---

[116] Relatório sobre *Les menaces, les changements e les défis*, 1º de dezembro de 2004.

[117] Ver "Torture in the context of counter-terrorism measures" in *Torture and other cruel, inhuman or degrading treatment*, Nota do Secretário-Geral da ONU, 14 de agosto de 2006, doc A/61/259.

[118] Human Rights Watch, *Questions et réponses à propos des 'assurances diplomatiques' contre la torture*, novembro de 2006.

terroristas agressões que podem legitimar um ato de defesa, mas ele também deve levar a abordar de frente a questão da globalização da luta contra o terrorismo. Porque a noção de guerra já está ultrapassada, o verdadeiro terrorismo global demanda uma justiça global.

A única via para superar a dificuldade de definir o terrorismo, inclusive de justificá-lo — dificuldade que impediu que se conferisse ao Tribunal Penal Internacional competência para julgá-lo —, parece ser um acordo sobre os valores: não basta que a defesa seja proporcional ao ataque, ela deve ser, ademais, compatível com os valores que fundam a comunidade mundial, a começar pela igual dignidade de todo ser humano, violada por um terrorista insensato, quando toma suas vítimas ao acaso, totalmente despersonalizadas, mas igualmente desprezada pelas medidas de guerra contra o terrorismo, quando acompanhadas de torturas e outros tratamentos inumanos ou degradantes e mesmo de exibições em escala planetária, das quais a prisão e a execução de Saddam Hussein deram mostras aterradoras.

Não se pode separar a legítima defesa dessa globalização do crime e da repressão, nem permitir uma defesa preventiva sem reafirmar, simultaneamente, o universalismo dos valores que sustenta os dois interditos, o do terrorismo e o da tortura. É por isso que é urgente reconstruir a relação entre terrorismo e tortura.

3.2.2 Reconstruir a relação entre terrorismo e tortura

É inicialmente através do contencioso dos direitos humanos que se afirma uma relação, difícil é verdade, entre terrorismo (ou, antes, luta contra o terrorismo) e tortura. Além das observações e recomendações da Comissão de Direitos Humanos, do Comitê de Direitos Humanos e do Comitê Contra a Tortura, os principais esforços são regionais. Evocou-se anteriormente a resolução da Comissão Interamericana (2001) e o relatório *Terrorismo e direitos humanos* (2002), que lembra que a Convenção Americana de Direitos Humanos proíbe a tortura e os tratamentos similares independentemente das circunstâncias.

Mas é à Corte Europeia de Direitos Humanos que se incumbe delimitar logo o dilema: "consciente do perigo [...] de solapar e mesmo de destruir a democracia no intuito de defendê-la, ele (o Tribunal) afirma que os Estados não poderão tomar, em nome da luta contra a espionagem e o terrorismo, qualquer medida que julguem apropriada".[119]

---

[119] Caso *Klass v. RFA*, 06 de setembro de 1978, ver G. Soulier, "Luta contra o terrorismo" in *Raisonner la raison d'État*, organizado por M. Delmas-Marty, Paris: PUF, 1989, p. 29-49.

Em seus primeiros julgamentos a propósito de casos em que o terrorismo era invocado como circunstância excepcional a justificar medidas derrogatórias (causas excludentes ou dirimentes, art. 15), a Corte sublinhava que essa causa não se aplicava ao interdito da tortura e dos tratamentos inumanos e degradantes.[120] Em 1996, no caso *Chahal*,[121] a Corte evocou com muita força o princípio da proibição absoluta da tortura: "a Corte é plenamente consciente das enormes dificuldades que os Estados encontram em nossa época para proteger sua população da violência terrorista. No entanto, mesmo tendo em conta esses fatores, a Convenção proíbe em termos absolutos a tortura ou as penas ou os tratamentos inumanos, ou degradantes, quaisquer que sejam os atos da vítima [...]. Assim, sempre que existirem motivos sérios e autênticos para acreditar que uma pessoa correu um risco real de ser submetida a tratamentos contrários ao artigo 3º quando expulsa para outro Estado, o Estado parte, descumprindo a sua obrigação de protegê-la de tais tratamentos, incorrerá em responsabilidade internacional pela expulsão [...]". Nessas condições, "os atos da pessoa considerada, por mais indesejáveis ou perigosos, não poderiam ser negligenciados" (§§79-80). Examinando a esse propósito a questão das garantias diplomáticas como garantias contra a tortura, a Corte rejeita o argumento, não estando "convencida de que as garantias citadas anteriormente fornecem ao Sr. Chahal proteção suficiente à sua segurança" (§105).

É verdade que esse contencioso dos direitos humanos continua limitado a algumas regiões (Europa, América). Em escala mundial, é aos Tribunais Penais Internacionais que cabe o papel motriz. Eles foram os primeiros (caso *Furundzija*, em 1998) a ter afirmado o princípio de que "a proibição da tortura impõe aos Estados obrigações *erga omnes*, obrigações face a todos os outros membros da comunidade internacional pelas quais cada um tem um direito correlativo. Além disso, a violação dessas obrigações acarreta, simultaneamente, o desrespeito ao direito correlativo de todos os membros da comunidade internacional e autoriza cada um deles a exigir que o Estado em questão cumpra sua obrigação ou cesse de transgredi-la ou não reincida" (§151).[122] Delas o Tribunal tira a consequência maior de que "esse princípio se tornou uma norma imperativa, ou *jus cogens*, uma norma que, na

---

[120] Casos *Lawless v. RU*, CEDH, 1º de julho de 1961, *Irlanda v. RU*, CEDH, 28 de janeiro de 1978.
[121] Caso *Chahal v. RU* (Grande chambre), CEDH 15 de novembro de 1996, *Rec.* 1996-V; ver, também, *Affaire Öcalan v. Turquie*, CEDH, 12 de março de 2003 e 12 de maio de 2005.
[122] *Le procureur c. Anto Furundzija*, nº IT-95-17/1-T, *Julgamento*, 10 de dezembro de 1998.

hierarquia internacional, situa-se num patamar mais elevado que o direito convencional e até que o direito costumeiro ordinário" (§153). Ele considera que a proibição da tortura, sendo já "uma das normas mais fundamentais da comunidade internacional", deve ter um "efeito dissuasório, dado que lembra a todos os membros da comunidade internacional e aos indivíduos sobre os quais tem autoridade que se trata de um valor absoluto, o qual ninguém pode transgredir" (§154) e estima que esse efeito dissuasório deve ser buscado tanto em nível individual quando em nível interestatal.

Ora, é precisamente nesse nível que o princípio pode colidir com o paradigma da guerra contra o terrorismo. O raciocínio é inevitável: se o interdito da tortura tem valor de *jus cogens*, ele deve "privar internacionalmente de legitimidade todo ato legislativo, administrativo ou judiciário que autorize a tortura". Com efeito, "seria absurdo, de uma parte, afirmar que, reconhecido o valor de *jus cogens* da proibição da tortura, os tratados ou as regras costumeiras que a preveem são nulos, e não advindos *ab initio*, e de outra parte deixar que Estados, por exemplo, adotem medidas nacionais que autorizam ou toleram a sua prática ou que anistiam torturadores. Se semelhante situação se apresentasse, as medidas nacionais que violam o princípio geral e toda disposição convencional pertinente teriam os efeitos jurídicos antes evocados e não seriam, de resto, reconhecidas pela comunidade internacional" (§155).

É de limitação da soberania estatal que se trata, e é por isso que essa jurisprudência não tem equivalente no quadro, mais geral, das Nações Unidas. Não obstante, os princípios postos pelos Tribunais Penais Internacionais serão evocados por várias resoluções adotadas em cascata pela Assembleia-Geral entre 2004 e 2006, "Direitos Humanos e Terrorismo" (Resoluções nºs 58/174 e 59/195) e "Proteção dos Direitos Humanos e das Liberdades Fundamentais na Luta contra o Terrorismo" (Resoluções nºs 58/187 e 60/158). A Resolução de 2006 limita-se a repetir que, se as medidas tomadas contra o terrorismo "contribuem largamente para o funcionamento das instituições democráticas e para a manutenção da paz e da segurança", isso se dá "desde que elas sejam compatíveis com o direito internacional, em particular o direito internacional dos direitos humanos, o direito internacional dos refugiados e o direito internacional humanitário", reafirmando que certos direitos "não devem sofrer nenhuma derrogação, quaisquer que sejam as circunstâncias"; enfim, o Relatório *Terrorisme et droits de l'homme*, de 11 de setembro de 2006, retoma mais uma vez o conjunto da questão.

A repetição parece marcar a fraqueza de uma prática que se limita a recomendar o respeito ao direito internacional sem lograr impô-lo. Malgrado tudo isso, observa-se que o tom muda a partir de 2004, ano das revelações sobre os detentos do campo de Abu Ghraib. Não se trata mais apenas de combater o terrorismo "por todos os meios", como em 2001, mas também de sublinhar que as medidas tomadas devem ser conformes ao direito internacional, em particular ao direito internacional humanitário, que é explicitamente citado pela primeira vez na Resolução de 19 de setembro de 2005, ao final de uma reunião do Conselho de Segurança.

Em suma, não é só pelo discurso que se dá a emergência de um interdito universal — o peso das palavras não bastaria —, mas também pelo choque da imagem. A imagem planetária, transmitida em tempo real e para todo o planeta pela internet, inscreve os acontecimentos numa memória coletiva mundial. Quer se trate das torres gêmeas de Nova Iorque, das celas de Guantánamo, dos detentos humilhados de Abu Ghraib, quer se trate da prisão e execução de Saddam Hussein, a imagem pode criar um sentimento de pertença à mesma humanidade: somos "todos americanos", intitulava o *Le Monde* de 12 de setembro de 2001; alguns anos mais tarde, somos "todos iraquianos"; como somos, em pouco tempo, todos israelenses e todos palestinos; dito de outro modo, fazemos todos parte dessa comunidade mundial que se constrói sobre a recusa do inumano.

Mas a imagem não basta, e o papel do direito é fornecer as ferramentas conceituais para fundar verdadeiramente o interdito do inumano e, depois, torná-lo oponível. No fundo, tem-se o mesmo processo que, na atualidade, pode-se observar na França: depois da comoção criada pelas imagens dos sem domicílio fixo (SDF) "espremidos" em suas barracas, discutem-se no momento meios jurídicos que tornarão oponível o direito à moradia, ou seja, que permitirão aos mais desfavorecidos pedir e receber abrigo.

Em escala mundial, sabe-se o quanto os mecanismos normativos e institucionais são fracos, e é por isso que o direito nacional e as instituições nacionais continuam absolutamente necessárias; com a condição de que integrem e respeitem, porém, esse núcleo duro de valores comuns que denominamos direitos inderrogáveis.

Para concluir a reflexão sobre o paradigma da guerra contra o crime, ou contra o terror, poder-se-ia dizer que ele continua útil, desde que não seja concebido apenas como evolutivo, seguindo a sugestão de Rosenfeld, mas também como transitório.

Ele continua útil, pois que demonstra a necessidade de se superar a oposição binária entre guerra e paz, entre crime de guerra e crime ordinário. Mas essa necessidade não é apenas circunstancial (em referência às circunstâncias de "stress" intercaladas entre as circunstâncias excepcionais dos tempos de emergência e crises e as situações ordinárias); parece-me que ela é, ademais, estrutural, ligada à globalização das práticas criminosas e de repressão à criminalidade, por um lado, e à universalização dos valores, por outro, uma vez que o inumano começa a ser percebido como um interdito universal.

É por isso que eu digo que se trata de um paradigma transitório, precisamente como o primeiro paradigma, o do crime de guerra. Para superar a oposição entre guerra e paz numa comunidade alargada a todo o planeta, nem o crime de guerra nem a guerra contra o crime bastarão. Através do paradigma do crime "contra a humanidade", também ele instável e evolutivo, mas desassociado da metáfora bélica, resta por construir a humanidade como valor.

4 O paradigma do crime contra a humanidade – Construir a humanidade como valor

Precisamente como as "leis da humanidade" invocadas por Chateaubriand, a expressão "crimes contra a humanidade e a civilização", ou "lesa-humanidade", depois, "crimes contra a humanidade", permaneceu durante muito tempo à margem da esfera jurídica, mais associada à retórica literária ou diplomática do que à terminologia penal.[123] Mesmo em 1919, quando três governos (França, Reino Unido e Rússia) denunciaram os massacres de armênios no Império Otomano quatro anos antes, a ideia de julgá-los sob essa denominação, que parecia muito imprecisa, foi abandonada. Foi preciso esperar 1945 para que o crime contra a humanidade fosse inscrito no Estatuto do Tribunal de Nuremberg. Mas o Tribunal, incerto sobre o direito costumeiro, evitou dissociá-lo dos outros crimes visados pelo Estatuto (crime contra a paz e crime de guerra), e o juiz francês, Henri Donnedieu de Vabres, pôde constatar com satisfação, pois nem mesmo ele lhe dava crédito, que o crime se "volatilizava" no curso do processo.

Essa entrada em cena discreta — mas posta diretamente em nível internacional, pois que os Códigos Penais Nacionais se adaptariam

---

[123] P. H. Currat, "Histoire de la notion de crime contre l'humanité" in *Les crimes contre l'humanité dans le statut de la CPI*, Bruxelas: Bruylant, 2005, p. 32 e ss.

apenas muito tempo depois (na França, com o Novo Código Penal, em 1994) — não o impediu de conquistar sua autonomia. Esta autonomia dos crimes contra a humanidade se torna manifesta em 1997, quando os juízes do Tribunal Penal Internacional para a ex-Iugoslávia (TPIY) afirmam, em respaldo à sua primeira sentença condenatória: "os crimes contra a humanidade transcendem o indivíduo, posto que, em se atacando o homem, visa-se, nega-se a Humanidade. É a identidade da vítima, a Humanidade, que marca a especificidade do crime contra a humanidade".[124] Por esta formulação, a um só tempo jurídica ("crime", "vítima") e filosófica ("em se atacando o homem visa-se, nega-se a Humanidade"), os juízes pretendiam enfatizar a especificidade do crime contra a humanidade.

A propósito do mesmo caso *Erdemovic*, os juízes McDonald e Vohrah, em sua opinião individual perante a Câmara de Apelação, preocupar-se-ão em sublinhar, um ano mais tarde, a diferença dos crimes contra a humanidade em face dos outros crimes internacionais, misturando, a seu turno, ética e direito: "enquanto as regras que proscrevem os crimes de guerra concernem ao comportamento criminoso do autor de um crime diretamente em relação a um sujeito protegido, as regras que proscrevem os crimes contra a humanidade concernem ao comportamento de um criminoso não só em relação à vítima imediata, mas também em relação à humanidade inteira [...]". Os crimes contra a humanidade são crimes particularmente detestáveis e, além disso, fazem parte de uma prática ou de uma política sistemática e generalizada. Em razão da sua amplitude e de seu caráter odioso, eles constituem graves ataques contra a dignidade humana, contra a própria noção de humanidade. Por conseguinte, tocam, ou deveriam tocar, todos os membros da humanidade, independentemente da sua nacionalidade, da sua etnia e do lugar em que se encontram. Por essa razão, a noção de crimes contra a humanidade enunciada na legislação internacional atual é a tradução moderna para o direito do conceito desenvolvido em 1795 por Immanuel Kant, em virtude do qual "uma violação do direito em um lugar é ressentida em *todos* os outros lugares"[125] (§21).

Percebe-se, assim, a riqueza, mas também a ambiguidade dessa denominação, que compreende a humanidade ora como humanidade-valor, ora como humanidade-vítima. Como valor, a humanidade

---

[124] TPIY, *Le Procureur c. Drazen Erdemovic*, nº IT-96-22-A, Julgamento de condenação, 29 de novembro de 1996, parágrafos 27 e 28.

[125] TPIY, *Le Procureur c. Drazen Erdemovic*, nº IT-96-22-A, Julgamento, 07 de outubro de 1997, parágrafo 21.

funda, no prolongamento do crime de guerra, o interdito do inumano. Trata-se, em oposição ao paradigma da guerra contra o crime, de limitar e, se possível, de interditar o inumano, incriminando os atos contrários à dignidade humana, ou ainda, contrários à "noção mesma de humanidade".

Em compensação, a referência à humanidade (em "se atacando o homem, visa-se, nega-se a Humanidade"), evocando a célebre máxima "todo homem é todo o Homem", marca bem o nascimento de um novo paradigma, que nos faria passar de uma comunidade nacional ou internacional a uma comunidade humana, que ele funda, se não politicamente, ao menos ética e juridicamente. Disso os juízes extraem, aliás, uma classificação dos crimes internacionais em termos de gravidade: "o fato de que os crimes contra a humanidade contêm em si um atentado a um interesse mais amplo que o da vítima direta e de que são, então, mais graves que os crimes de guerra manifesta-se nos elementos intrínsecos constitutivos de um crime contra a humanidade".[126]

Mas o paradigma continua inalcançado. Ele é inalcançado politicamente, pois que a comunidade humana não é a simples transposição da comunidade nacional a um nível diferente: sublinhando a repercussão de tal analogia (*the failure of the domestic analogy* — o fracasso da analogia doméstica), o jurista americano David Luban coloca a questão, deixada em aberto por John Rawls, da representação política dos interesses dessa humanidade-vítima.[127] E é inalcançado também eticamente, pois que a enumeração, sempre retomada, dos interditos qualificados de "crimes contra a humanidade" somente sugere, sem jamais defini-los, os critérios que caracterizariam o inumano. Como valor, a humanidade resta por construir, haja vista que as práticas jurídicas são apenas o reflexo dos dados de fato, eles mesmos evolutivos, que poderiam ameaçar a humanidade e seu ambiente.

Para nos atermos ao método anunciado (do direito à ética, e não da ética ao direito), partiremos dos dados jurídicos — *um interdito em extensão* — para seguir em direção aos valores subjacentes e às questões emergentes — *um paradigma a construir*.[128]

---

[126] *Ibidem.*
[127] D. Luban, "A theory of Crimes Against Humanity", *The Yale Journal of International Law*, 2004, v. 29:85 (principalmente, p. 134-137).
[128] *Le relatif et l'universel*, Paris: Seuil, 2004, p. 84; ver também *Crimes internationaux et juridictions internationales*, Paris: PUF, 2002, e *Juridictions nationales et crimes internationaux*, ambos organizados por A. Cassese et M. Delmas-Marty, Paris: PUF, 2002 (A. Cassese e M. Delmas-Marty. *Crimes internacionais e jurisdições internacionais*. Tradução de Silvio Antunha. Barueri: Manole, 2004).

4.1 Um interdito em extensão

A extensão do crime contra a humanidade é indiretamente favorecida pela atitude dos Estados, que temem mais ver seus representantes acusados por crimes de guerra do que por crimes contra a humanidade ou por genocídio. É assim que, aceitando a imprescritibilidade apenas para os crimes contra a humanidade, a França incitou os juízes a separá-los dos crimes de guerra, levantando, como se verá adiante, a questão dos crimes cometidos contra os resistentes (casos *Barbie e Touvier*). Do mesmo modo, os Estados conseguiram que a competência do Tribunal Penal Internacional (TPI) fosse fundamentada principalmente no crime contra a humanidade, podendo o crime de guerra ser afastado em nome da cláusula transitória do art. 124 e não sendo definido o crime de agressão.

Mais precisamente, a extensão concerne, de início — é o fenômeno mais visível — ao *tempo do interdito*, dos tempos de guerra aos tempos de paz. Mas a leitura comparada dos textos e o estudo das decisões jurisprudenciais revelam também uma extensão do próprio *conteúdo* do interdito, da única alínea do Estatuto de Nuremberg (art. 6, "c") às nove alíneas dos Estatutos dos Tribunais Penais Internacionais, depois, às onze alíneas do Estatuto do TPI (art. 7º, §1º, "a"-"k").

4.1.1 O tempo do interdito

De um texto a outro, observa-se uma extensão, mas não necessariamente uma banalização, das circunstâncias nas quais se podem produzir os crimes contra a humanidade. De início ligados a um contexto de conflito armado, a exemplo dos crimes de guerra, eles se destacam progressivamente desse contexto original para atingir a autonomia plena no Estatuto do TPI.

O Estatuto de Nuremberg (art. 6º, "c") exigia a existência de um conflito armado e impunha um liame com os outros crimes visados pelo art. 6º, "a" e "b" (crimes contra a paz, ou crimes de guerra): os crimes contra a humanidade deviam ter sido cometidos "antes ou durante a guerra" e "na sequência de qualquer crime que recaia na competência do Tribunal ou em conexão com esse crime". Mas a Convenção sobre a Imprescritibilidade dos Crimes de Guerra e dos Crimes contra a Humanidade (1968) visa "os crimes contra a humanidade, quer sejam cometidos em tempos de guerra, quer sejam cometidos em tempos de paz". E essa dissociação em relação à guerra está plenamente consagrada na Convenção sobre a Eliminação e a Repressão do Crime de

Apartheid (1973), que qualifica o *apartheid* como crime contra a humanidade, sem exigir — o que seria absurdo — que ele seja cometido em tempo de guerra. Com os Tribunais Penais Internacionais a evolução é mais lenta: o estatuto do Tribunal Penal Internacional para a ex-Iugoslávia (art. 5) ainda requer atos "cometidos no curso de um conflito armado", especificando que pode tratar-se de "conflito de caráter internacional ou interno"; mas o promotor sublinha, no caso *Tadic*, que a definição é "mais estreita que o necessário em termos de direito costumeiro" e os juízes o seguirão, admitindo que "a ausência de liame entre os crimes contra a humanidade e um conflito armado internacional hoje em dia é uma regra estabelecida do direito internacional costumeiro".[129] Em compensação, o Estatuto do Tribunal Penal Internacional para Ruanda – TPIR (art. 3) retoma a noção de "ataque dirigido contra uma população civil" e a substitui pela noção de "conflito armado", exigindo que os atos tenham sido "cometidos no quadro de um ataque generalizado e sistemático dirigido contra uma população civil qualquer que seja ela". E o Estatuto do TPI (art. 7º, retomado pelo art. 2º do Tribunal Especial para Serra Leoa) consagra essa virada da exigência de um conflito armado para a exigência de um ataque contra uma população civil. Ele a consagra e a reforça, malgrado todas as reticências de numerosos Estados que "desejavam relacionar os crimes contra a humanidade à existência de um conflito armado internacional".[130] Com efeito, o Estatuto do Tribunal Penal Internacional transforma os critérios inicialmente cumulativos (ataque generalizado *e* sistemático) em critérios alternativos (ataque generalizado *ou* sistemático).

Se a autonomia é plena em relação ao crime de guerra, a noção de ataque generalizado ou sistemático introduz, entre tempos de guerra e tempos de paz, uma situação intermediária, que poderá evocar a divisão tripartite proposta por Michel Rosenfeld[131] (tempos de guerra, tempos de paz e tempos de "stress"), sem dúvida mais adequada às formas atuais de criminalidade global, ligadas, principalmente, ao terrorismo. Essa divisão em tempos de guerra, tempos de paz e tempos de "stress" confirma nossa intuição de que o terrorismo internacional, tal como esse ataque é caracterizado, deveria emanar do direito internacional penal, dado que a qualificação de crime contra a humanidade permite, a um só tempo, assinalar a gravidade dos fatos e evitar os efeitos perversos

---

[129] *Le Procureur c. Dusko Tadic*, IT-94-1, *Julgamento*, 07 de maio de 1997, parágrafo 623.
[130] W. Bourdon e E. Duverger, *La CPI*, Seuil, 2000, p. 49.
[131] M. Rosenfeld, *op. cit.*

do paradigma da guerra contra o crime. É de resto significativo que, na sua declaração pelo quinto aniversário dos atentados de 11 de setembro de 2001, o Secretário-Geral das Nações Unidas tenha sublinhado que se trata de um "ataque contra a humanidade ela mesma".[132]

Das situações de guerra aos ataques cometidos em tempos de paz, a extensão se acompanha, ademais, de um distanciamento progressivo em relação à concepção inicial do crime contra a humanidade como instrumento de proteção do indivíduo apenas contra os abusos dos Estados. Está claro, então, que o crime contra a humanidade não precisa necessariamente envolver um agente do Estado: "embora deva existir uma política para praticar esses atos, não é necessário que seja a política de um Estado".[133] O Tribunal Penal Internacional para a ex-Iugoslávia o explicará a propósito da proibição da tortura, que emana simultaneamente do direito internacional dos direitos humanos, oponível aos Estados, e do direito internacional penal, oponível aos indivíduos: "a violação de um dos artigos do Estatuto implica a responsabilidade penal individual do seu autor. Nesse quadro, a participação do Estado torna-se um fator secundário e, geralmente, marginal. Haja ou não participação do Estado, o crime cometido não muda de natureza e engendra as mesmas consequências".[134]

O Estatuto do Tribunal Penal Internacional leva em conta essa evolução ao estabelecer que o ataque que caracteriza o crime contra a humanidade deve ser conduzido "na implementação ou na continuação da política de um Estado ou de uma organização que tem por objetivo tal ataque". E os *elementos do crime*,[135] na introdução do art. 7º, estabelecem que esses "atos não têm necessariamente de constituir um ataque militar", pois basta que o "Estado ou a organização favoreçam ou encorajem ativamente tal ataque contra uma população civil". Embora o Tribunal Penal Internacional só tenha competência em relação a pessoas físicas, a necessidade de participação, direta ou indireta, de uma entidade coletiva, qualquer que seja ela, pública ou privada, vem limitar a extensão do conteúdo.

---

[132] Kofi Annan, "Les attaques du 11 septembre étaient un acte contre l'humanité", Declaração de 11 de setembro de 2006, SG/SM/10627.

[133] *Le Procureur c. Dusko Tadic*, nº IT-94-1-T, *Julgamento*, 07 de maio de 1997, §655, ver igualmente *Prosecutor v. Fatmir Limaj, Haradin Bala, Isak Musliu*, IT-03-66-T, *Julgamento*, 30 de novembro de 2005, parágrafo 191.

[134] *Le Procureur c. Dragoljub Kunarac, Radomir Kovac et Zoran Vukociv*, IT-96-23-T & IT-96-23/1-T, 22 de fevereiro de 2001, parágrafo 493.

[135] *Eléments de Crimes*, ICC-ASP/1/3, p. 120 (adotada pela Assembleia dos Estados-partes, 1ª sessão, setembro de 2002) <http://www.un.org/law/icc/asp/1stsession/report/french/part_ii_b_f.pdf>.

4.1.2 O conteúdo do interdito

Se é difícil descrever o conteúdo do interdito, não é apenas em razão de seu caráter evolutivo, mas também em razão do seu método de incriminação.

Há, com efeito, algo de encantatório nessa lista, sempre retomada, dos comportamentos qualificados de genocídio ou de crime contra a humanidade. Como percebeu com muita acuidade a jurista quebequense Hélène Dumont, na tipificação desses comportamentos, escreve ela, de tanto se empregar certas palavras, como mantras, elas "adquiririam pouco a pouco, graças à sua evocação, uma potência simbólica tal que se acreditaria estarem em condições de favorecer o estabelecimento de uma cultura universal reativa e, mesmo, preventiva, ao encontro dos massacres inumanos em escala planetária".[136]

Considerando que o papel do direito internacional consistiria em "reinscrever o interdito no espaço público global", de modo a, escreve ainda, "obstaculizar o assassinato da memória e marcar a realidade assim nomeada com o selo da universalidade", poder-se-ia "recorrer cada vez mais ao vocabulário do direito como se se tratasse de uma crença à qual se confere uma espécie de poder de pôr fim à violência de massa e de contribuir para a fundação da solidariedade internacional e da paz".

Fundamentada nessa "crença" quase mágica na força do direito (no sentido em que Pierre Bourdieu empregava o termo), a extensão do conteúdo do interdito fundador se faz de forma muito pouco racional, ora por subtração ou cisão, ora por adição ou diversificação.

Comecemos pela cisão que se realiza pouco depois do julgamento de Nuremberg. Enquanto o julgamento havia associado, e de alguma sorte confundido, o genocídio e o crime contra a humanidade, a Convenção das Nações Unidas para a Prevenção e a Repressão do Genocídio (1948) consagra o genocídio como crime internacional. Estabelece-se de imediato que o genocídio pode ser cometido em tempos de paz ou de guerra (art. 1) e que as controvérsias relativas à interpretação, à aplicação ou à execução da Convenção, inclusive as relativas à responsabilidade de um Estado, serão submetidas à Corte Internacional de Justiça. Num parecer consultivo, ela sublinha "o caráter universal da condenação do genocídio e da cooperação necessária para 'libertar a humanidade de um flagelo tão odioso' (preâmbulo)" e considera que o genocídio emana

---

[136] H. Dumont, *Le crime de génocide – Construction d'un paradigme pluridisciplinaire*, inédito.

do direito costumeiro, obrigando, por conseguinte, os Estados mesmo quando eles não ratificaram a Convenção (obrigação *erga omnes*).[137] Em consequência, a imprescritibilidade do genocídio, como a do crime de *apartheid*, definido, a seu turno, por uma Convenção de 1973, será expressamente afirmada, da mesma maneira que a dos crimes de guerra e a dos crimes contra a humanidade, pelos textos da ONU e do Conselho da Europa (1968 e 1974).

Mas a definição de genocídio, retomada no Estatuto dos Tribunais Penais Internacionais para a ex-Iugoslávia (art. 4º) e para Ruanda (art. 2º) e no Estatuto do Tribunal Penal Internacional (art. 6º), será separada da definição do crime contra a humanidade, ao passo que o *apartheid* lhe será incorporado:

> o genocídio cobre qualquer um dos seguintes atos: a) morte de membros do grupo; b) atentado grave à integridade física ou mental de membros do grupo; c) submissão intencional do grupo a condições de existência destinadas a engendrar sua destruição física total ou parcial; d) medidas que visem impedir nascimentos no seio do grupo; e) transferência forçada de crianças do grupo a outro grupo.

Se nos limitamos a essa lista, muito próxima dos comportamentos qualificados como crimes contra a humanidade, a utilidade de tal incriminação quase não aparece. Na realidade, a principal diferença, aquela que os Tribunais invocam quando comparam a gravidade respectiva dos dois crimes, reside no elemento intencional. O genocídio supõe não só a intenção de cometer os atos enumerados, mas também aquilo que no jargão penalista se denomina "dolo especial", ou seja, uma intenção orientada para um fim específico: o fim de "destruir, no todo ou em parte, um grupo nacional, étnico, racial ou religioso como tal". Dito de outro modo, o genocídio requer uma vontade de destruição ao mesmo tempo massiva (destruir um grupo como tal) e seletiva (critério discriminatório restritivamente descrito como nacional, étnico, racial ou religioso).

E é a essa intenção específica, a esse dolo especial, que se referem os juízes quando se esforçam para avaliar a gravidade do genocídio. Considerando os crimes de guerra como menos graves

---

[137] *Reserves à la convention pour la prévention et la répression du crime de génocide*, Parecer consultivo de 28 de maio de 1951, *CIJ Recueil 1951*, p. 23; Julgamento *Barcelona Traction, Light and Power Company Limited (Belgique c. Espagne)*, 05 de fevereiro de 1970, Rec. C.I.J. 1970, parágrafo 33.

que o genocídio ou o crime contra a humanidade, os juízes estimam "mais difícil estabelecer uma hierarquia entre o genocídio e o crime contra a humanidade quanto à sua gravidade respectiva", pois que ambos "chocam particularmente a consciência da humanidade". Para conseguir classificá-los é preciso, segundo eles, retornar à história e lembrar-se de que "os crimes julgados pelo Tribunal de Nuremberg, a saber, o holocausto dos judeus, ou a 'solução final', eram constitutivos de genocídio, mas não puderam ser assim qualificados porque o crime de genocídio só foi definido muito depois".[138] Sublinhando "que o crime de genocídio infligiu, ao longo de toda a história, grandes sofrimentos à humanidade e que a cooperação internacional é necessária para livrar a humanidade de tal praga" (preâmbulo da Convenção sobre o Genocídio), o Tribunal Penal Internacional para Ruanda considera que o genocídio "se singulariza pelo seu dolo especial" (intenção de destruir, no todo ou em parte, um grupo nacional, étnico, racial ou religioso como tal) e daí deduz que ele constitui o "crime dos crimes". É assim que, num caso em que a seleção das vítimas, que se faz ao acaso, não demonstra a vontade de destruir um grupo enquanto tal, o Tribunal Penal Internacional para a ex-Iugoslávia absolverá o acusado de comandar o genocídio (caso *Jelisic*).[139]

Vê-se que o genocídio não amplia o interdito do inumano; muito pelo contrário, a exigência do dolo especial restringe sua definição em comparação com o crime contra a humanidade. Pode-se então questionar a utilidade, sem dúvida mais simbólica do que jurídica, de um crime designado, contudo, como "o crime dos crimes".

Essa expressão foi, aliás, retomada pelo Tribunal Penal Internacional para a ex-Iugoslávia em 2001 (caso *Krstic*) e acompanhada, na súmula apresentada à imprensa, de um discurso particularmente explícito sobre a feição simbólica da qualificação penal. Começando pela solene frase "que a justiça seja feita ou o mundo perecerá, dizia Hegel", o discurso se encerrava, depois de uma referência a Kant, por esta interpelação, surpreendente se a lemos numa perspectiva jurídica:

---

[138] TPIR, *Le Procureur c. Jean Kambanda*, nº ICTR-97-23, *Julgamento e Sentença*, 04 de setembro de 1998, parágrafos 14-16; ver também *Le Procureur c. Jean-Paul Akayesu*, nº ICTR-96-4, *Sentença*, 04 de outubro de 1998; *Le Procureur c. Kayishema et Ruzindana*, nº ICTR-95-1 et ICTR-96-10, *Sentença*, 21 de maio de 1999; *Le Procureur c. Omar Serushago*, nº ICTR-98-39-S, *Sentença*, 05 de fevereiro de 1999, parágrafo 13 s. *Le Procureur c. Kayishema et Ruzindana*, nº ICTR-95-1 et ICTR-96-10, *Sentença*, 21 de maio de1999; *Le Procureur c. Georges Andersen Nderubumwe Rutanganda*, nº ICTR-96-3-T, *Julgamento e Sentença*, 06 de dezembro de 1999, parágrafos 450-451.

[139] *Le Procureur c. Goran Jelisic*, IT-95-10, *Julgamento*, 14 de dezembro de 1999.

"general Krstic, vós aderistes ao mal. É por isso que, hoje, o Tribunal vos condena e pronuncia contra vós uma pena de quarenta e seis anos de prisão".[140]

A ideia que sustenta a gravidade do genocídio está mais explícita no trâmite do caso na Câmara de Apelação:

> entre os graves crimes que este Tribunal tem o dever de punir, o de genocídio se singulariza pela particular reprovação e pelo opróbrio que suscita. O genocídio é um crime horrível por sua amplitude: seus autores querem a extinção de grupos humanos inteiros. Aqueles que o concebem e cometem buscam privar a humanidade das inumeráveis riquezas que suas nacionalidades, raças, etnias e religiões oferecem. Trata-se de um crime contra o gênero humano em sua integralidade, que não diz respeito apenas ao grupo cuja destruição se almeja, mas a toda a humanidade.[141]

O problema é que a Convenção de 1948, adotada na sequência da Segunda Guerra Mundial, é inspirada numa história localizada no espaço e no tempo: a da trágica experiência europeia do holocausto dos judeus, evocada pelos Tribunais. Ela não está, portanto, perfeitamente adaptada às especificidades nacionais, e não surpreende muito que sua transcrição para o direito interno seja acompanhada ora de uma limitação (ao povo judeu, a Israel), ora de uma extensão às vítimas selecionadas por motivos políticos ou culturais (América Latina, Camboja), ora de uma transposição do dolo especial ligado ao delito para o critério, mais objetivo, do "plano concertado que visa à destruição" (França, art. 211-1, CP). Tal "renacionalização", às vezes criticada pelos especialistas em direito internacional, talvez seja uma transição necessária a um universalismo que respeita a diversidade dos povos, pois que permite — desde que não se desnature a incriminação, limitando-a, por exemplo, a um único grupo de vítimas — adaptar o interdito ao contexto histórico e cultural de cada povo.[142]

Em suma, o genocídio seria particularmente grave em razão da intenção que lhe é própria, atacar "o gênero humano na sua

---

[140] TPIY, *Le Procureur c. Radislav Krstic*, IT-98-33-A, *Julgamento*, 02 de agosto de 2001.
[141] TPIY, *Le Procureur c. Radislav Krstic*, Julgamento de 19 de abril de 2004, parágrafos 36 e 275.
[142] Ver "L'hétérogénéité de la réception du droit international dans les ordres juridiques internes" in *Les processus d'internationalisation*, v. VII *Criminalité économique et atteintes à la dignité de la personne*, organizado por M. Delmas-Marty, MSH 2001, p. 213 e ss., principalmente N. Guillou, "Modélisation des processus de réception de l'incrimination de génocide en droit interne", p. 214 e ss.

integralidade". Comparado ao crime contra a humanidade, ele não tem por efeito ampliar o interdito, mas reforçar-lhe a intensidade em razão dos motivos discriminatórios. Em vez de fazer dele um crime autônomo, melhor seria defini-lo como circunstância agravante.

De modo que a noção de inumano não se limita a uma destruição física, mas parece chamada a se diversificar, incitando a integrar o conjunto dos indicadores já identificados em nível nacional à escala de gravidade:[143] não só as características do delito, mas também a natureza dos interesses protegidos, ou, ainda, a do dano, que pode ser avaliado quantitativa (número de vítimas) e qualitativamente (caráter irreversível de certos crimes).

A *diversificação* começa com o Estatuto de Nuremberg (art. 6, "c"), que enumera não só os atentados contra a vida, como o assassinato ou o extermínio, aos quais implicitamente se integra o genocídio, mas também os atentados contra a igual dignidade, como a redução à escravidão, a deportação e "qualquer outro ato inumano cometido contra quaisquer populações civis, antes ou durante a guerra", ou, ainda, as "perseguições por motivos políticos, raciais ou religiosos".

Aos atentados contra a vida, o Estatuto do Tribunal Penal Internacional acrescenta o desaparecimento forçado de pessoas. E àqueles contra a igual dignidade, as resoluções do Conselho de Segurança da ONU (1993 e 1994) acrescentam especialmente a tortura e o estupro.

Com essas novas incriminações, frequentemente imprecisas, os juízes buscam uma definição, através do direito internacional, no caso da tortura, e através do direito comparado, no caso do estupro. Aqui, também, as diversidades nacionais deveriam contribuir para a definição de valores comuns. É assim que o Tribunal Penal Internacional para a ex-Iugoslávia, não tendo encontrado "nenhuma definição de estupro no direito internacional",[144] julga "legítimo voltar-se para o direito interno, estando entendido que, salvo estipulação expressa por uma regra de direito internacional, não se pode limitar-se a um único sistema nacional, mas deve-se tirar proveito dos conceitos

---

[143] Ver a tabela de critérios de gravidade (princípio de justiça) em *Les grands systèmes de politique criminelle*, PUF, 1992, p. 287 e ss. (*Os grandes sistemas de política criminal*. Tradução de Denise Radanovic Vieira. Barueri: Manole, 2004).

[144] Isso malgrado duas decisões anteriores que tratam do estupro, as quais, partindo da mesma constatação, propuseram uma definição *ex nihilo* para a primeira e retomaram a definição enunciada na mesma forma para a segunda. Ver TPIR, *Le Procureur c/ Jean-Paul Akayesu*, nº TPIR-96-4-T, Julgamento, 02 de setembro de 1998, parágrafos 596-597, e TPIY, *Le Procureur c/ Delalic et consorts*, nº IT-96-21-T, Julgamento, 16 de novembro de 1998, parágrafos 478 e 479.

gerais e das instituições jurídicas comuns ao conjunto dos grandes sistemas jurídicos". Seu objetivo é extrair das diferentes concepções (quanto ao gênero da vítima e quanto ao tipo de ato incriminado como estupro) aquilo a que se dá o nome de "denominador comum". Mas foi preciso esperar o caso *Kunarac* para que o Tribunal identificasse tal denominador comum com o princípio da autonomia sexual.[145] Esse princípio é "violado cada vez que a vítima vê impor-se-lhe um ato ao qual ela não consentiu livremente ou do qual ela não participa voluntariamente".

Por mais necessário que seja, tal uso do direito comparado reclamaria especificações em relação aos critérios — inclusive de compatibilidade com os direitos humanos — que orientam a escolha de certas tradições jurídicas, ao passo que outras são implicitamente afastadas, em especial o Islã, que não reconhece tal princípio. O Tratado de Roma deveria facilitar a interpretação desse ponto mediante a reserva, aqui também, de uma renacionalização pelo direito interno, pois que ele acrescenta ao estupro "qualquer outra forma de violência sexual de gravidade comparável", tais quais a escravidão sexual, a prostituição forçada, a gravidez forçada, ou, ainda, a esterilização forçada.

Mas a diversificação do inumano não se limita às pessoas. Há de se levar em conta, com efeito, a jurisprudência concernente a violências não evocadas pelos textos de modo explícito, tais como, para tomar um exemplo particularmente esclarecedor, a destruição de bens culturais.

Se a destruição intencional do patrimônio comum da humanidade é proibida pela Declaração da UNESCO adotada em 2003, pouco depois da destruição do Grande Buda de Bamyan pelo Talibã, não se trata de um interdito penal, dado que a declaração é desprovida de sanção. No entanto, a jurisprudência dos Tribunais Penais Internacionais desde então tem se interessado pela destruição de bens culturais, incriminada ora como elemento que prova a intenção do crime de genocídio,[146] ora como infração às leis e aos costumes de guerra, em referência à Convenção da Haia (Convenção de 1954 e Protocolo Adicional de 1999, negociado a propósito das destruições cometidas no curso da década de 1990 nos Bálcãs e no Irã).[147]

---

[145] TPIY, *Le Procureur c/ Dragoljub Kunarac, Radomir Kovac et Zoran Vukovic*, nº IT-96-23-T & IT-96-23/1-T, *Julgamento*, 22 de fevereiro de 2001, parágrafo 457.
[146] TPIY, Julgamento *Krstic*, supracitado.
[147] Ver Francesco Francioni, "Beyond state sovereignty: the protection of cultural heritage as a shared interest of humanity" in New sources of norms in International Law, *Michigan Journal of International Law*, Symposium, p. 1209 e ss. (2004 25 Mich. J. Int'l L. 1209);

Ao tratar do bombardeio da velha cidade de Dubrovnik, inscrita em 1975 no patrimônio mundial da humanidade, o Tribunal afirma que "se um ataque contra os bens civis constitui uma violação grave do direito internacional humanitário, é um crime ainda mais grave atacar um sítio especialmente protegido, tal qual a velha cidade, constituída de bens civis, e causar-lhe danos significativos". Sublinhando que se tratava de "um conjunto arquitetônico notável, que ilustra um período significativo da história humana", os juízes consideram que esse bombardeio constituiu um ataque não só contra a história e o patrimônio da região, mas também contra o patrimônio cultural da humanidade, acrescentando que o dano é sem dúvida irreversível: "a restauração de edifícios desse gênero, se é que é possível, não permite restituí-los ao estado em que estavam antes do ataque, porque os materiais originais e historicamente autênticos foram destruídos".[148]

Mas quando se trata de construções consagradas à religião ou à educação, a destruição pode se tornar crime contra a humanidade, da mesma maneira que as perseguições, que passaram a partilhar dessa qualificação depois de Nuremberg e desde então se inscreveram no Estatuto dos Tribunais Penais Internacionais e do TPI (art. 7º, §1º, "h"). Foi assim que o Tribunal Penal Internacional para a ex-Iugoslávia qualificou a destruição de mesquitas na Bósnia.[149] Lembrando que o Tribunal de Nuremberg e, depois, a Comissão de Direito Internacional (Relatório de 1991) haviam considerado a destruição de construções consagradas à religião como ato de perseguição no sentido do crime contra a humanidade, o Tribunal afirma, a seu turno, que esse ato, quando praticado com a intenção discriminatória exigida,

> equivale a um ataque contra a própria identidade religiosa de um povo; como tal, ilustra de maneira quase exemplar a noção de crime contra a humanidade, pois que, de fato, é a humanidade em seu conjunto que é afetada pela destruição de uma cultura religiosa específica e de objetos culturais ligados a ela.

---

igualmente F. Bugnion "La genèse de la protection juridique des biens culturels en cas de conflits armes", *RICR* 2004 v. 86, p. 313 e ss.; V. Mainetti, "De nouvelles perspectives ...", *Ibidem*, p. 337 e ss.

[148] *Le Procureur c. Miodrag Jokic*, IT-01-42/1, *Jugement portant condamnation*, 18 de março de 2004, parágrafos 51 e 52.

[149] *Le Procureur c. Dario Kordic et Mario Cerkez*, IT-95-14/2, *Julgamento*, 26 de fevereiro de 2001.

Em conclusão, "a destruição ou a danificação deliberadas de construções muçulmanas consagradas à religião ou à educação podem constituir, se cometidas com a intenção discriminatória exigida, ato de perseguição".

Desde as pessoas até o patrimônio cultural da humanidade, já se vê se esboçarem as novas perspectivas abertas por esse paradigma, que em parte resta por construir.

4.2 Um paradigma a construir

Se o tempo do interdito, estendido dos tempos de guerra aos tempos de paz, marca uma autonomização do genocídio e do crime contra a humanidade em relação ao crime de guerra, resta caracterizá-los em relação ao crime comum, dado que os valores protegidos, como a vida, a igual dignidade ou a integridade de certos bens, são aparentemente os mesmos que no direito penal interno.

Dito de outro modo, resta extrair, a partir de um conteúdo sempre em expansão e sempre incompleto, a significação dessa "humanidade-valor" que sustenta o interdito do crime contra a humanidade. É essa a condição para elevá-lo a paradigma e, com isso, ajudar a resolver as questões que emergem de práticas novas, quer se trate de biotecnologias e de crimes contra a espécie humana, quer se trate do meio ambiente e da proteção de bens públicos mundiais.

4.2.1 Humanidade-valor

Cada cultura imagina a humanidade à sua maneira, mas todas lhe reconhecem — e como não fazê-lo? — uma dimensão coletiva. Toda a dificuldade reside na forma de articular ou de opor o coletivo e o individual. Por vezes, o pertencimento a uma comunidade chega a absorver o indivíduo. É assim que o termo *Ubuntu*, retomado na Constituição da África do Sul[150] e desde então empregado nos trabalhos da Comissão de Verdade e Reconciliação criada por Desmond Tutu,[151] exprimiria

---

[150] Ver o epílogo da Constituição Provisória (1993) ou o preâmbulo da lei sobre a promoção da unidade nacional e da reconciliação (1995).
[151] D. Tutu, *Il n'y a pas d'avenir sans pardon*, Paris: Albin Michel, 1999, p. 39.

não a ideia de um homem monadista, com seus direitos originários, pré-sociais, intangíveis e que devem ser respeitados independentemente do que aconteça, mas um homem que só existe como tal em relação com os outros homens, sua humanidade é inextricavelmente ligada à dos outros, e se assim é, então, seus direitos não poderiam ser pensados separadamente ou em oposição aos direitos dos outros homens, mas sempre em relação e, mesmo, em função deles.[152]

No fundo estamos menos distantes da tradição chinesa do que poderíamos acreditar. Jérôme Bourgon[153] explicou-nos que nela não há equivalente exato do par humano-inumano no sentido moral, mas que diversas noções confucianas correspondem a essa noção num sentido mais social: por exemplo, o termo ren (仁), virtude cardinal do confucionismo que o dicionário Ricci traduz por "a virtude da humanidade", seria, etimologicamente, a virtude de "considerar um indivíduo, uma pessoa (人) em sua inter-relação com uma outra ou com duas outras (二)". De fato, já se tratou antes, diz-nos ele, "da humanidade" como "uma intersubjetividade, uma empatia, uma sociabilidade ou, simplesmente, o altruísmo (talvez a melhor tradução de ren)". Lembre-se que dos dez crimes qualificados de inumanos o mais "revelador" seria o quinto, Budao, que quer dizer, literalmente, não estar no caminho (dão), estar "desviado", no sentido mais forte do termo, afastar-se da comunidade.

Seria preciso, ainda, religar a dimensão coletiva ao respeito pelo indivíduo. O jurista americano David Luban tenta efetuá-lo definindo o "estatuto de inumano" por uma dupla diferenciação, a dos indivíduos e a dos grupos, que a dupla natureza da humanidade requer: "é essa dupla natureza que o crime contra a humanidade destrói, e é isso que o torna inumano".[154] Para construir sua teoria, Luban descreve o homem como um animal político que não tem outra alternativa senão viver em grupo, de sorte que, atacando um grupo pela simples razão de que ele existe e um indivíduo pela simples razão de que ele pertence ao grupo, o crime contra a humanidade transforma a relação social em um "câncer" que torna impossível qualquer vínculo político.

---

[152] A. M. Dillens et E. Babissagana, "La justice inopportune: aux détours de l'amnistie" in Les droits de l'homme bouclier ou épée, organizado por. M. van de Kerchove, Bruxelas: Bruylant, 2007, p. 551-588.
[153] Ver nota 5.
[154] D. Luban, op. cit., p. 115-116: "this double nature, as individuals and group members is precisely what crimes against humanity assault and what make them crimes against humanness".

Mas o vínculo político sem dúvida não basta. Reconciliar em escala mundial os direitos humanos e a noção de humanidade-valor implica voltar à indivisibilidade de todo o conjunto dos direitos humanos. Seria preciso estender a análise de Luban aos diversos tipos de relação do indivíduo com a coletividade: relação política (de participação ativa no Estado), mas também civil (de reconhecimento jurídico como cidadão), econômica (de troca e reciprocidade), social (de integração à sociedade democrática) e cultural (de adesão a um conjunto de crenças).[155]

Quer a imaginemos formada de animais civis, políticos, econômicos, sociais ou culturais, a humanidade seria, portanto, composta de forma indissociável — inextricável mesmo, pois que uma sustenta a outra e reciprocamente — da singularidade de cada ser humano e de seu pertencimento a uma comunidade.

Mas de qual comunidade se trata? Evocar a humanidade-valor numa perspectiva universal é um convite a transpor a análise, para além da família, do clã ou da nação, a toda a comunidade humana. É um convite a reconhecer, a um só tempo, a diversidade dos humanos (a dos indivíduos e a dos grupos humanos, das comunidades intermediárias) e seu igual pertencimento à humanidade.

Em suma, o que a incriminação do crime contra a humanidade, inclusive o genocídio, significa é que o ser humano, mesmo inscrito profundamente num grupo, jamais deveria perder sua individualidade e ver-se reduzido a ser apenas um elemento intercambiável desse grupo e rejeitado como tal.[156] Se por um lado o ser humano padece de uma necessidade identitária de pertencimento a um grupo, por outro ele não pode ser confinado, subjugado a seu grupo sem perder seu estatuto no seio da humanidade. Essa despersonalização da vítima ameaça de fato a humanidade como alteridade, designando-se por esse termo, ao mesmo tempo, a singularidade de cada homem como ser único e seu igual pertencimento à comunidade humana como ser social.

Se se confronta essa definição com a arquitetura jurídica do crime contra a humanidade, constata-se, com efeito, que, para além da

---

[155] Ver P. Meyer-Bisch, *Le corps des droits de l'homme*; Projeto de Declaração sobre os Direitos Culturais; M. Delmas-Marty, *Trois défis pour un droit mondial*, Paris: Seuil, 1998 (*Três desafios para um direito mundial*. Tradução de Fauzi Hassan Choukr. Rio de Janeiro: Lumen Juris, 2002).

[156] Ver M. Delmas-Marty, "Le crime contre l'humanité, les droits de l'homme et l'irréductible humain" *RSC* 1994, p. 477; "L'humanité saisie par le droit" in *Humanité, humanitaire*, Fac. Univ. St louis, 1999, p.27 e ss.; "Un concept à construire" in *Le relatif et l'universel*, Paris: Seuil, 2004, p. 84 e ss.

enumeração, sempre retomada, dos perigos do momento, ele remete não só aos direitos de cada indivíduo, mas também à dimensão coletiva dos comportamentos que se têm em vista, quer se trate dos autores, quer se trate das vítimas.

No que se refere aos autores, essa dimensão remete ao vínculo com o Estado, ampliado, como se viu, à noção de política, de plano concertado, ou, mais amplo ainda, de ataque sistemático ou generalizado empreendido por um Estado ou por "uma organização que tenha por fim tal ataque". Uma organização que pode ser de natureza civil, mas também econômica, e mesmo cultural ou religiosa, mostra bem a dimensão coletiva própria à organização de tais crimes.

Pode-se reencontrar essa dimensão coletiva com o grupo "nacional, étnico, racial ou religioso" — mas por que não político ou cultural? — que se tem em vista em razão do genocídio. Também se pode encontrá-la mais uma vez, ainda mais amplamente, com a "população civil" vítima de crimes contra a humanidade, pois que a expressão, inscrita no Estatuto de Nuremberg, foi retomada, com variantes enfraquecidas, de um texto ao outro (nas resoluções relativas ao Tribunal Penal Internacional para a ex-Iugoslávia e para Ruanda, bem como no Tratado de Roma).

Mas viu-se que o conteúdo do interdito não se limita à destruição de seres humanos, ele inclui todos os tipos de práticas discriminatórias, inclusive no domínio biológico, evocadas antes, em Nuremberg, a propósito do processo dos médicos, e se estende da pessoa aos bens culturais e mesmo aos bens comuns da humanidade, na proporção das questões emergentes que se precisa, se não resolver, ao menos tentar reparar.

4.2.2 Questões emergentes

É claro que a definição proposta não limita o interdito à destruição de seres humanos. Muito pelo contrário, ela incita a incluir todo comportamento que aspira seja à violação do princípio de singularidade (exclusão que pode chegar às piores violências, inclusive ao extermínio de grupos humanos reduzidos a uma categoria racial, étnica ou genética, ou, ao invés, à fabricação de seres geneticamente idênticos, sobretudo por clonagem), seja à violação do princípio do igual pertencimento à comunidade humana (práticas discriminatórias, tais como o *apartheid*, mas também a criação de "super-homens", por eugenia, ou de "sub-homens", por intercruzamento de espécies).

Vê-se pesar, aqui, questões levantadas pelos novos conhecimentos científicos. Da destruição passa-se à fabricação da vida, que ilustra aquilo que Michel Foucault chamava de biopoder: "a mais elevada função não é matar, mas tomar posse da vida em toda a sua extensão". Direito de morte e poder sobre a vida, que pode conduzir a "uma ordenação eugênica da sociedade".[157] Além dos tratamentos "inumanos", acaba-se por conceber o risco de tratamentos à margem do humano, ou "anumanos". Reprodução assexuada por clonagem, fabricação de quimeras, os fantasmas de ontem tornam-se as questões emergentes de hoje ou de amanhã.

Visto que tecnologias de procriação mais e mais artificiais tornaram-se possíveis,[158] essas questões conduziram a França a incriminar um "crime contra a espécie humana", qualificadas assim pelo Código Penal a eugenia e a clonagem reprodutiva,[159] sob o risco de separar hominização e humanização. Reunificar espécie humana e humanidade implicaria, todavia, transpor a dimensão coletiva e reservar ao direito penal ordinário a incriminação de um ato isolado.

Tais questões conferem uma atualidade singular à visão premonitória de Kant: "com o homem, as disposições naturais que visam ao uso de sua razão só se desenvolverão completamente na espécie, mas não no indivíduo".[160] Na época, o filósofo qualificou de estranho e até de enigmático que "as gerações anteriores pareçam suportar seu penoso trabalho apenas em proveito das gerações posteriores [...], dado que só as gerações mais tardias devem ter a chance de habitar no edifício para o qual trabalhou uma longa linha de antecessores (isso é verdadeiro sem ser intencionalmente desejado)".

Hoje em dia talvez tenhamos chegado, como eu havia sugerido, a um estágio em que *intencionalmente* queremos preservar a esperança de um mundo habitável.[161] Pois que os riscos biotecnológicos e, mais amplamente, os riscos ecológicos unem-nos, de modo mais estreito do que nunca, às gerações futuras.

---

[157] M. Foucault, *La volonté de savoir*, Paris: Gallimard, 1970.
[158] H. Atlan, *L'utérus artificiel*, Paris: Seuil, 2005.
[159] X. Bioy, "Les crimes contre l'espèce humaine" in *Bioéthique, biodroit, biopolitique*, Paris: L.G.D.J., 2006, p. 101 e ss.
[160] I. Kant, *L'idée d'une histoire universelle au point de vue cosmopolitique*, Paris: Gallimard, coll. Pléiade, v. II, p. 187. (I. Kant. Ideia de uma história universal de um ponto de vista cosmopolita. Organização de Ricardo Terra. Tradução de Rodrigo Naves e Ricardo Terra. São Paulo: WMF Martins Fontes, 2004).
[161] *Le relatif et l'universel, op. cit.*, p. 87.

Mas então, se se incluem as gerações futuras, já não se trata apenas de proteger a humanidade dos crimes dirigidos contra as pessoas, e sim de proteger, no prolongamento dos bens culturais reconhecidos como patrimônio mundial, todos os bens, a começar pelos recursos naturais, considerados coletivos.

Seria necessário incluir no crime contra a humanidade a destruição da biodiversidade e, mais amplamente ainda, da biosfera?

Para responder a essa questão seria preciso que houvesse acordo sobre uma percepção comum da relação do homem com a natureza.[162] Lembrem-se as palavras, muito duras, de Claude Lévi-Strauss contra "o mito da dignidade exclusiva da natureza humana", que separou o homem da natureza de modo a isolá-lo do vivente, com a consequência de que, "arrogando-se o direito de separar radicalmente a humanidade da animalidade, concedendo a uma tudo o que retiraria da outra, o humanismo abriria um ciclo maldito". Segundo ele, essa seria a mesma fronteira que "serviria para afastar os homens dos outros e para reivindicar, em proveito de minorias sempre mais restritas, o privilégio do humanismo, corrompido desde o nascimento por haver emprestado do amor-próprio seu princípio e sua noção".[163] Tal humanismo estaria envolvido em todas as tragédias do século XX, do colonialismo ao fascismo e, depois, aos campos de extermínio.

Evitemos, porém, imobilizar a história. Esse humanismo, na medida em que começa a associar singularidade e igual pertencimento à comunidade humana, também poderá abrir-se à ideia, mais generosa, de que o vivente deve ser protegido como tal, e não somente como patrimônio da humanidade. É assim que Laurent Neyret, autor de uma tese audaciosa sobre os atentados ao vivente,[164] propôs, no curso do seu seminário,[165] caminhos para estender o paradigma do crime contra a humanidade aos crimes contra o meio ambiente, ou mesmo, para imaginar um novo paradigma "do genocídio ao biocídio", o do crime contra o vivente.

Em suma, o interdito do inumano, evolutivo por natureza, constrói-se ora na continuidade, do crime de guerra ao crime contra

---

[162] M. Dias Varella "L'expression des différences de perception de la nature et de l'environnement dans la construction de la protection internationale de l'environnement" in *Rev. europ. dr. env.*, v. 3, 2006, p. 251 e ss.
[163] C. Lévi-Strauss, Anthropolgie structurale II, Paris: Plon, éd. 1996, p. 53-55; P. Martens, "Les droits de l'humanité l'emportent-ils sur les droits de l'homme?" in *Les droits de l'homme bouclier ou épée du droit pénal?*. *Op. cit.*
[164] L. Neyret, *Atteintes au vivant et responsabilité civile*, Paris: L.G.D.J., 2006. Ver nota 5.
[165] Ver nota 5.

a humanidade, ora na indivisibilidade que liga a humanidade humilhada ou exterminada à espécie humana transformada, ora em termos de complementaridade, das pessoas aos bens comuns da humanidade, e mesmo em termos de ruptura, se se admite a necessidade de um novo paradigma.

Resta saber como se valer desses crimes que não se pode, escreveu inicialmente Hannah Arendt, "nem punir nem perdoar".[166]

---

[166] H. Arendt, "L'irréversibilité et le pardon" in *Condition de l'homme moderne*. Trad. Calman-Lévy, 2ᵉ éd. 1983, p. 301 e ss. (H. Arendt. *A condição humana*. Tradução de Roberto Raposo. 10. ed. São Paulo: Forense Universitária, 2005); citação retomada por A. Garapon, *Des crimes qu'on ne peut ni punir ni pardonner*, Paris: Odile Jacob, 2002 (A. Garapon. *Crimes que não se pode nem punir nem perdoar*. Lisboa: Instituto Piaget, 2002).

VIOLÊNCIA E MASSACRE –
ENTRE DIREITO PENAL DO INIMIGO E
DIREITO PENAL DO INUMANO[1]

O massacre se distingue da violência por sua desmedida. Esse crime de massa, cujo número de autores e vítimas às vezes se conta aos milhares e, mesmo, às centenas de milhares, só adquire sua especificidade por um acréscimo qualitativo, que traduz a ideia de desmedida. A massa (quantitativa) de massacres implica a inumanidade (qualitativa) daqueles que massacram e que, assim fazendo, negam a humanidade das suas vítimas.

É por isso que este tema parece renovar o debate entre o relativismo do direito penal interno e o universalismo do direito internacional penal. Pois que as respostas do direito em face dos massacres, os esforços do direito para tentar fazer retornar à medida a desmesura do massacre, parecem hesitar entre dois modelos: de um lado, o "direito penal do inimigo", inspirado no direito penal nacional e atualizado pelos atentados de 11 de setembro de 2001; de outro, o "direito penal do inumano", proveniente do direito internacional penal. O primeiro modelo, caracterizado pelo *slogan* da "guerra contra o crime", parece particularmente adaptado ao critério quantitativo. Seria mais fácil e mais eficaz eliminar em massa os inimigos perigosos do que punir individualmente os culpados, sob o risco de levar a uma guerra sem limite, sem começo nem fim. Em compensação, o modelo do "direito penal do inumano", que simboliza o paradigma do crime contra a humanidade, responderia melhor ao critério qualitativo. O universalismo humanista do qual ele participa inspira-se no projeto que

---

[1] DELMAS-MARTY. Violences et massacres: entre droit pénal de l'ennemi et droit pénal de l'inhumain. *RSC*, n. 1, p. 59-68, jan./mars 2009.

animou o direito internacional depois da Segunda Guerra Mundial (os Tribunais Militares de Nuremberg e Tóquio, mais recentemente, os Tribunais Penais Internacionais para a ex-Iugoslávia e para Ruanda, o Tribunal Penal Internacional e os Tribunais Penais Internacionalizados). Mas durante muito tempo ele pareceu utópico.

Minha hipótese é que, doravante, o direito penal poderá se tornar a expressão de uma verdadeira ética comum, porque atravessa os três níveis da ética. No primeiro nível (é mal aquilo que faz mal), o direito penal tem uma resposta, por mais imperfeita que seja, ao sofrimento: entre a violência e os massacres o ponto comum seria o universalismo do sofrimento. Mas o direito penal continua próximo do segundo nível, o das representações que ordenam cada comunidade em torno do poder, da vida e da morte, do sexo, da apropriação e da partilha dos bens: em direito interno, observa-se o relativismo das respostas penais à violência, ainda exacerbada pela doutrina chamada de "direito penal do inimigo", que tende a justificar a força. Enfim, o direito penal está, atualmente, no coração de uma internacionalização que nos orienta, no terceiro nível, em direção a uma metaética universal, caracterizando o aparecimento de um "direito penal do inumano". Por mais frágil e incerto que seja, esse novo modelo reconhece a humanidade como valor comum a preservar e promover e se propõe a fortalecer a justiça em escala universal.

Donde os três tempos da minha proposta, que inicialmente repousará, à guisa de preliminar, na ambivalência da violência e na especificidade dos massacres, depois evocará o relativismo das respostas penais e a tentação do direito penal do inimigo, antes de explorar, na perspectiva de um direito penal do inumano, algumas pistas para tornar esse modelo, se não universal, ao menos, mais modestamente, universalizável.

1 Preliminar – Ambivalência da violência e especificidade dos massacres

Entre a violência e os massacres o ponto comum é o sofrimento das vítimas: o sofrimento tem algo de universal, mas designa apenas as vítimas e não fornece a chave para passar do sofrimento da vítima aos conceitos jurídicos, como a culpa ou a responsabilidade dos autores. Ora, a passagem ao direito impõe que se renuncie a associar toda violência à figura do mal, pois que a violência é ambivalente, e que se reconheçam os critérios que caracterizam a especificidade dos massacres.

A *violência é ambivalente*, pois que é fundadora tanto quanto destruidora: comum às sociedades humanas, ela as religa tanto quanto as opõe. É por isso que parece impossível assemelhar toda violência à figura do mal e criminalizá-la como tal. Por exemplo, os trabalhos de minha colega antropóloga, a Professora Françoise Héritier,[2] mostram muito bem, na esteira de Friedrich Nietzsche e Michel Foucault, que "o trabalho da liberdade não pode ser feito sem violência".[3] Eles evocam igualmente o lugar da violência institucionalizada[4] e mesmo sacrificial, que, permitindo a passagem "do contínuo ao descontínuo (ou do indiferenciado ao diferenciado)",[5] pode ser fundadora de valores.[6] A ambivalência inerente à violência impede a sua criminalização *a priori* e num plano universal. As regras jurídicas pelas quais a violência foi canalizada, em especial as regras penais, inevitavelmente diferem de um sistema para o outro.

A menos que se introduza o conceito de crueldade,[7] ou, mais precisamente ainda, o de negação da humanidade, como forma de deslocar a questão do universalismo, concentrando a análise na especificidade dos massacres.

A especificidade dos massacres faz reaparecer os dois aspectos de desmedida do mal: o aspecto quantitativo (o efeito de massa), mas também, e sobretudo, o aspecto qualitativo, pois que a multiplicação das vítimas implica, mais além do seu sofrimento, uma verdadeira despersonalização, a negação do seu próprio pertencimento à mesma humanidade do perpetrador.

Vários grandes textos da literatura já tiveram a intuição da ideia de que o horror dos massacres não está ligado apenas ao efeito de massa. Seu arquétipo é a indignação de Chateaubriand ante a crueldade do Massacre de Jaffa, efetuado pelas tropas de Bonaparte, em 1799, contra prisioneiros que haviam deposto as armas e cuja capitulação havia sido

---

[2] Françoise Héritier, *De la violence*, 2 tomos, Paris: Odile Jacob, 2005.
[3] D. Defer "Entre pouvoirs et interprétations dans les œuvres de Michel Foucault", *Ibidem*, pp. 91-121.
[4] B. Lang, "La violence au service de la religion: de quelques formes élémentaires d'agression dans la Bible", *Ibidem*, v. I, p. 169; *La vengeance dans les sociétés non occidentales*, organização de R. Verdier, Cujas, 1981.
[5] R. Girard, *La violence et le sacré* (R. Girard. *A violência e o sagrado*. Tradução de Martha Conceição Gambini. São Paulo: Paz e Terra, 2008); L. Scubla, "Ceci n'est pas un meurtre ou comment le sacrifice contient la violence", *Ibidem*, I, p. 166.
[6] E. Balibar, "Violence, idéalité et cruauté", *Ibidem*, I, p. 57-87.
[7] François-René de Chateaubriand, *Mémoires d'outre-tombe*, 3 tomos, Paris: Librairie Générale Française, 1973, tomo 2, p. 99-101.

aceita.⁸ Chateaubriand se esforça para descrever os detalhes da cena, "pois que a verdade moral de uma ação só se desvela nos detalhes", e conclui, enfim, que "o céu pune a violação dos direitos da humanidade: ele envia a peste".⁹

Essa fórmula extraordinária — "os direitos da humanidade" — se deixa ver de duas maneiras, que, aliás, podem ser reunidas, pois que revelam, ambas, a especificidade dos massacres: ou Chateaubriand antevê o futuro aparecimento de conceitos jurídicos como o genocídio ou o crime contra a humanidade; ou ele tenta, mediante essa fórmula, explicitar o fundamento de sua indignação moral com a negação da humanidade das vítimas. É provavelmente por isso que Chateaubriand ocupa-se longamente do testemunho do comissário adjunto Miot: esse artifício retórico permite-lhe restituir a individualidade a cada uma das vítimas.

É preciso entrar nos detalhes, independentemente das qualificações jurídicas, para apreender a especificidade dos massacres. Estudos recentes de ciências sociais permitiram aprofundar essa constatação. Jacques Sémelin esclareceu assim a diversidade morfológica dos massacres, conforme eles sejam perpetrados para submeter, como, às vezes, quando de guerras e das colonizações; para erradicar, como numa "limpeza étnica"; ou para insurgir-se, como se dá em certas formas qualificadas de terrorismo.¹⁰

A essa visão "politista", a penalista Hélène Dumont¹¹ acrescenta uma perspectiva cultural. Fazendo observar que as crenças e a memória afetiva de cada povo também desempenham um papel essencial nos genocídios e massacres, ela constata que esses crimes, longe de decorrerem apenas de objetivos políticos impostos de cima para baixo, segundo uma lógica piramidal, também se desenvolvem de baixo para cima. Essa lógica de rede, pela qual as dinâmicas locais interagem com as lógicas estatais, permite que a violência se estenda de modo insidioso,

---

⁸ *Ibid.*, p. 101.
⁹ J. Sémelin, *Purifier et détruire, Usages politiques des massacres et génocides*, Paris: Seuil, 2005.
¹⁰ Ver o número *Criminologie* organizado por Hélène Dumont, "Le crime de génocide: construction d'un paradigme pour la criminologie, la philosophie et le droit penal", *Criminologie*, 39/2, outono de 2006, p. 3-188, e em particular H. Dumont, "Introduction: le crime de génocide: construction d'un paradigme pluridisciplinaire", *Ibid*, p. 3-22.
¹¹ Para um comentário na França, ver o prefácio de E. Balibar, "Le Hobbes de Schmitt, le Schmitt de Hobbes", in Carl Schmitt, *Le Léviathan dans la doctrine de l'Etat de Thomas Hobbes*, Trad. D. TrierweilerTrierweiler, Paris: Seuil, 2002, p. 7-65; acrescente-se S. Rials, "Carl Schmitt contre Hobbes, la justification de l'Etat total" in *Oppressions et résistances*, Paris: PUF, 2008, p. 79-104.

como por capilaridade, e que assuma uma dimensão massiva, a qual reforça o efeito de despersonalização das vítimas, de negação da sua humanidade.

Poder-se-ia imaginar que tais especificidades dos massacres, mais bem analisadas e compreendidas por uma soma de trabalhos contemporâneos, conduzem a um direito penal do inumano de vocação universal. Mas a história não é linear, e a realidade continua cheia de surpresas. É assim que os atentados de 11 de setembro de 2001, qualificados de "terrorismo", e não de crime contra a humanidade, contribuíram para legitimar o relativismo das respostas penais aos massacres em nome do *slogan* da "guerra contra o terrorismo", tornado um verdadeiro paradigma. Um relativismo de combate, pois que cede à tentação do direito penal do inimigo.

2 Relativismo das respostas penais – A tentação do direito penal do inimigo

O relativismo das respostas penais aos massacres parece assumir, aqui, duas formas complementares: o endurecimento da repressão penal em direito interno e a extensão do conceito de legítima defesa em direito internacional.

O endurecimento do direito penal interno repousa na convicção de que as exigências da segurança nacional impõem a supressão das garantias penais tradicionais de procedimento e de fundo. A corrente de pensamento da qual ele procede alimenta-se de uma confusão, característica, em política criminal, do modelo denominado "totalitário", entre a noção de crime, como uma transgressão da *normatividade*, compreendida no sentido de dever ser, e a de periculosidade, concebida como um afastamento em relação à *normalidade*, entendida como média dos comportamentos. Essa confusão, que começa pela ampliação das incriminações e da responsabilidade, chega a dissolver o direito penal numa lógica de guerra: a punição do culpado acaba por ser substituída pela eliminação do inimigo perigoso.

Inspirado numa análise dos sistemas de política criminal, o modelo totalitário retorna ao modelo do direito penal do inimigo, inspirado nas teorias políticas de Carl Schmitt sobre a distinção entre amigo e inimigo no Estado total.[12] Com efeito, esse termo apareceu

---

[12] G. Jakobs, *Kriminalisierung im Vorfeld einer Rechtsgutsverletzung*, in ZStW 97, 1985, p. 753 e ss, ver, também, G. Jakobs, "Aux limites de l'orientation par le droit: le droit penal de l'énnemi", *Revue de science criminelle et de droit pénal comparé*, 2009, p. 7.

entre os penalistas alemães para traduzir a ideia de que o Estado só conseguirá sobreviver se aceitar, em nome das exigências da segurança nacional, o desaparecimento das garantias penais tradicionais de procedimento e de fundo.[13] Amplamente comentado e criticado na Itália, na Espanha e na América Latina,[14] esse modelo, portanto, não é novo, ainda que a lei francesa relativa à prisão preventiva possa aparecer como um dos últimos avatares dessa evolução.[15]

Nos anos 1980,[16] eu já trazia à luz três variantes do modelo totalitário, podendo a repressão ser: *generalizada* por uma cláusula geral que permita a argumentação por analogia, assim como o código nazista, em que "todo ato contrário ao são instinto do povo deve ser criminalizado e reprimido"; *desdobrada*, a proclamação de um estado de exceção ou de um estado de emergência que permita derrogar regras clássicas; e enfim *seletiva*, ou seja, dura contra certos alvos, tais quais a criminalidade organizada, o tráfico ou o terrorismo internacional, sob o risco de que essa repressão seletiva seja ulteriormente estendida a todo o sistema pela "dilatação da figura do inimigo".[17]

Reatualizando essa terceira variante, os atentados de 11 de setembro de 2001 claramente incitaram a extensão do direito penal do inimigo. O emprego do conceito de *unlawful combattant* pelas autoridades americanas é revelador da tendência a excluir, ante as comissões militares competentes, tanto as garantias do direito penal clássico quanto a aplicação do direito internacional humanitário. Com a vantagem de que as autoridades repressivas não teriam que individualizar os supostos terroristas e poderiam neutralizá-los em massa pela sua

---

[13] Ver M. Papa, "Droit pénal de l'ennemi et de l'inhumain : un débat international", *Revue de science criminelle et de droit pénal comparé*, 2009, p. 3; M. Muñoz Conde, "Le droit pénal international est-il un 'droit pénal de l'ennemi'?", *Revue de science criminelle et de droit pénal comparé*, 2009, p. 19; M. Donini "Les droits fondamentaux et la juridiction pénale comme garantie contre ou comme justification pour l'usage du droit comme arme", *Revue de science criminelle et de droit pénal comparé*, 2009, p. 31 et R. Zaffaroni , "Dans un Etat de droit il n'y a que des délinquants", *Revue de science criminelle et de droit pénal comparé*, 2009, p. 43.

[14] Lei nº 2008-174, de 25 de fevereiro de 2008, relativa à prisão preventiva e à declaração de irresponsabilidade penal por causa de transtorno mental, JORF nº 0048 de 26 de fevereiro de 2008, p. 3266.

[15] Mireille Delmas-Marty, *Modèles et mouvements* en *politique criminelle*, Paris: Economica, 1983; *ver também* "Le modèle Etat totalitaire" in *Les grands systèmes de politique criminelle*, Paris: PUF, 1992, p. 198-222 (*Os grandes sistemas de política criminal*. Tradução de Denise Radanovic Vieira. Barueri: Manole, 2004).

[16] F. Palazzo, "Contrasto al Terrorismo, Diritto Penale del Nemenico e Principi Fondamentali" in *Questione Jiustizia*, nº 4, 2006, p. 666-686.

[17] Eliette Rubi-Cavagna, "L'extension des *procédures dérogatoires*", *Revue de Science Criminelle et de Droit Pénal Comparé*, 2008 (1), p. 23-40.

periculosidade. Os recursos à Suprema Corte dos Estados Unidos, se possibilitaram a reintrodução de algumas garantias, não puderam impedir essa militarização do direito penal americano, que implica, ao mesmo tempo, a desindividualização e a desjuridicização da repressão e que se encontra indiretamente facilitada pela extensão do conceito de legítima defesa no direito internacional.

A extensão da legítima defesa no direito internacional manifesta-se através da evolução da noção de agressão armada. Depois da Segunda Guerra Mundial, o interdito da agressão foi inscrito na Carta da Organização das Nações Unidas (art. 2º, §4º), e o crime de agressão, aplicado na época dos processos de Nuremberg e de Tóquio, fora definido, então, como "o crime internacional supremo".

Os três crimes do Estatuto de Nuremberg conheceram, no entanto, evoluções diferentes. Houve uma consolidação do crime de guerra, que visa limitar o inumano durante a guerra, e uma autonomização do crime contra a humanidade, que interdita o inumano também em tempos de paz. Mas o crime de agressão continuou estagnado.

Estagnado inicialmente em direito interno: embora o interdito da agressão esteja inscrito nas Constituições Alemã (art. 26) e Japonesa (art. 9º), e a Câmara dos Lordes recentemente lhe tenha atribuído valor de direito costumeiro,[18] é, entretanto, difícil considerar que ele seja fundador do direito positivo atual, dado que o Japão considera ab-rogar o art. 9º (*apology fatigue*).[19]

Mas a estagnação afeta sobretudo o direito internacional, levantando a questão de saber se as aplicações do pós-guerra, em especial nos processos de Nuremberg e de Tóquio, bastam para inscrever o crime de agressão no direito costumeiro, ou se, ao contrário, ele se encontra excluído pela evolução que se seguiu. Como os Estados-partes não estão de acordo sobre uma definição comum, o crime continua sem definição no Estatuto do Tribunal Penal Internacional (TPI), o que neutralizaria seu efeito.[20]

---

[18] Os Lordes rejeitaram, todavia, o argumento dos requerentes, que se opunham à guerra contra o Iraque e invocavam o crime de agressão para legitimar atos de sabotagem a uma base da Otan, *R. v Jones et alia* [2006] UKHL 16, ver C. Villarino Villa, "The crime of aggression before the House of Lords", *JICJ* 4 (2006), 866-877.

[19] Ver Yoïchi Higuchi, *Le constitutionalisme entre l'Occident et le Japon*, Helbing & Lichtenhahn, 2001 (*xiii-297 p*.); Onuma Yasuaki, "Japanese war guilt and postwar responsabilities of Japan", *Berkeley Journal of International Law*, 2002, p. 600-620.

[20] Comparem-se os artigos 5º, §1º, do tratado de Nuremberg e o §2º do Estatuto do TPI. Ver TPI, Assembleia dos Estados-partes, Grupo de Trabalho Especial sobre o Crime de Agressão, 23 de novembro - 1º de dezembro de 2006, ICC-ASP/5/SWGCA/INF.1; A. Thibault-Lemasson, "Le crime contre la paix ou crime d'agression, De la réactivation d'une infraction de droit international classique", *RSC* 2006. 275.

De um lado, o art. 5º, §1º, dispõe que "a competência do Tribunal limita-se aos crimes mais graves que tocam ao conjunto da comunidade internacional. Em virtude do presente Estatuto, o Tribunal tem competência em relação aos seguintes crimes: "[...] d) o crime de agressão". Mas, de outro lado, o §2º estabelece que "o Tribunal exercerá sua competência em relação ao crime de agressão quando houver sido adotada uma disposição, em conformidade com os artigos 121 e 123, que defina esse crime e fixe as condições do exercício da competência do Tribunal a seu respeito. Essa disposição deverá ser compatível com as disposições pertinentes da Carta das Nações Unidas". Resta esperar uma evolução na época da sua Conferência de Revisão de 2009.[21]

Até que se encerre o processo de criminalização, a agressão parecerá desempenhar o papel de um fato justificativo que fundamenta a legitimidade do modelo do direito penal do inimigo e que permite aceitar, em nome da guerra contra o terrorismo, práticas inumanas. Tal legitimação é ilustrada pelo dispositivo do inumano posto pelos Estados Unidos depois dos atentados de 11 de setembro de 2001, defendido e justificado em *Carta da América*, publicada por 60 intelectuais americanos, incluídos antigos opositores da guerra do Vietnã (como Michel Walzer), pelo motivo de que os atentados são "um exemplo puro e característico de agressão contra vidas humanas inocentes, uma calamidade mundial que só o recurso à força pode erradicar".[22]

Depois de 11 de setembro de 2001, o significado do conceito de agressão se voltaria, assim, em favor da legítima defesa individual ou coletiva conferida à vítima da agressão em virtude do art. 51. Embora o "direito natural de legítima defesa" tenha sido inscrito na Carta das Nações Unidas como válvula de segurança para o caso em que um membro das Nações Unidas houver sido objeto de uma agressão armada,[23] ele, de fato, viu o seu campo de aplicação ser

---

[21] Ver os últimos desenvolvimentos do Grupo de Trabalho Especial sobre o Crime de Agressão do Tribunal Penal Internacional em relação à definição substancial (especialmente, o liame com a Carta das Nações Unidas e a invocação da legítima defesa coletiva e a ação coercitiva decidida pelo Conselho de Segurança) e em relação aos aspectos procedimentais (especialmente, o liame com a determinação da existência de um ato estatal não convencional de agressão previamente a qualquer persecução penal individual por crime de agressão).

[22] Ver <http://www.icc-cpi.int/asp/aspaggression.html&l=fr>. *Lettre d'Amérique, Le Monde*, 15 de fevereiro de 2002.

[23] Em virtude do art. 51, "nenhuma disposição da presente Carta prejudicará o direito natural de legítima defesa, individual ou coletiva, no caso em que um membro das Nações Unidas é objeto de uma agressão armada, até que o Conselho de Segurança tome as medidas necessárias para manter a paz e a segurança internacionais [...]".

progressivamente estendido, a ponto de a exceção da legítima defesa ser transformada em regra.[24] Sua extensão progressiva, especialmente por aplicação à agressão terrorista,[25] constitui uma "fissura que poderá ampliar-se ainda mais" na Carta da ONU. Com efeito, os conceitos de guerra preventiva e de guerra preemptiva oferecem o risco de estendê-lo ainda mais.[26]

O resultado dessa evolução do direito internacional, se ela perdurasse, seria opor aos crimes de guerra e aos crimes contra a humanidade, cuja função é enquadrar o inumano, um paradigma contrário, cujo emprego o banalizaria progressivamente e até o legitimaria. A tentação de certos governos de recorrer à tortura no quadro da luta contra o terrorismo ilustra a gravidade dos riscos aos quais o modelo do direito penal do inimigo expõe.

A menos que o universalismo do direito internacional penal não importe nessa concepção relativista. É esta a aposta do modelo alternativo do direito penal do inumano.

3 Em direção ao direito penal do inumano – As condições de um modelo universalizável

Para resistir à tentação do relativismo de combate, que sustenta o modelo do direito penal do inimigo, e contribuir para a instituição do direito penal do inumano como modelo de vocação universal, ou universalizável, a alternativa deve ser crível, portanto, lograr conciliar legitimidade e eficácia. Daí as três condições relativas à definição dos crimes, à atribuição da responsabilidade e à natureza da sanção.

Quanto à definição das incriminações, as qualificações de crime contra a humanidade e de genocídio, embora não se limitem aos massacres, integram a sua especificidade quantitativa e qualitativa. Uma opinião individual apresentada por ocasião da primeira decisão do Tribunal Penal Internacional observou, significativamente, que, "em razão da sua amplitude [critério quantitativo] e do seu caráter odioso [critério qualitativo], [os crimes contra a humanidade] consistem em graves ataques à dignidade humana, à própria noção de humanidade".[27]

---

[24] A. Cassese, "Article 51" in *La Charte des Nations Unies, Commentaire article par article*, dir. J. P. Cot, A. Pellet et M. Forteau, 3ᵉ éd. Paris: Economica, 2005, p. 1358.

[25] Ver as Resoluções 1368, de 12 de setembro de 2001, e 1373, de 28 de setembro de 2001, do Conselho de Segurança.

[26] *Ibidem*, p. 1359.

[27] Opinião apresentada conjuntamente pelos juízes McDonald e Vohrah, *Le Procureur c. Drazen Erdemovic*, Julgamento da Câmara de Apelação, 07 de outubro de 1997, parágrafo 21.

Seus autores visavam insistir nesse universalismo, acrescentando que tais crimes "tocam ou deveriam tocar, por conseguinte, a todos os membros da humanidade, independentemente da sua nacionalidade, da sua filiação étnica e do lugar em que se encontram".[28]

Dois anos mais tarde, os signatários do Estatuto do Tribunal Penal Internacional levariam em conta essa especificidade dos crimes contra a humanidade. Seu art. 7º associa, assim, o crime contra a humanidade aos ataques sistemáticos ou generalizados efetuados contra uma população civil e evoca o pertencimento dos seus autores a um Estado ou a uma organização política (eventualmente civil, econômica, cultural ou religiosa) que tenha por objetivo tal ataque. Essa fórmula marca a ambivalência das comunidades intermediárias, seja de autores (Estados e organizações com fins criminosos), seja de vítimas (como comunidades protegidas contra discriminações). Com efeito, ao tratar do genocídio, o Estatuto designa as vítimas por referência a um grupo nacional, étnico, racial ou religioso (possivelmente político ou cultural, é um debate que continua aberto).

Vê-se, com isso, como o Estatuto do Tribunal Penal Internacional possibilita integrar a dimensão quantitativamente massiva do massacre à sua definição do crime contra a humanidade e do genocídio. Do ponto de vista qualitativo, é verdade que os massacres engendram um atentado à dignidade da humanidade inteira, e resta que essa noção jamais foi definida. Mas ao menos se pode implicitamente deduzir da lista dos atos constitutivos do crime contra a humanidade (art. 7º do Estatuto do TPI) que a humanidade assim protegida teria dois componentes indissociáveis: a singularidade de cada ser humano, irredutível ao seu pertencimento a um grupo, e o igual pertencimento de cada um a toda a comunidade humana.

Mas estabelecer desse modo o fundamento que sustenta a definição das incriminações não basta para garantir a credibilidade do modelo. É preciso, ademais, entrar no terreno da responsabilidade.

A atribuição da responsabilidade, no contexto de tal "criminalidade de sistema",[29] oferece o risco de levar ao conceito de "responsabilidade coletiva", que, no entanto, o Tribunal Penal Internacional para a ex-Iugoslávia qualificou tantas vezes de primitivo e arcaico.[30] Esse risco

---

[28] Ibid.
[29] H. Ascencio, "Crimes de masse et responsabilité individuelle" in *Le TPIY: le droit à l'épreuve de la purification ethnique,* Paris: L'Harmattan, 2000, p. 136 e ss.
[30] Ver Antonio Cassese, Relatório Anual do Tribunal Penal Internacional encarregado de julgar as pessoas acusadas de violações graves do direito internacional humanitário

jamais foi totalmente excluído em face dos massacres, que obrigam à consideração do conjunto dos participantes em crimes que ninguém teria podido cometer sozinho. Pode-se ao menos tentar encontrar respostas que limitem os seus excessos.

Uma primeira resposta é preservar a responsabilidade dos dirigentes de direito ou de fato, ou seja, como lembra o Estatuto do Tribunal, em eco aos Estatutos do Tribunal de Nuremberg e dos Tribunais *ad hoc*, tratá-los de maneira igual, sem qualquer distinção segundo uma eventual qualidade oficial.[31] Mas a resposta deve concernir também aos intermediários e aos perpetradores, em todos os níveis da hierarquia. Pois que, num domínio em que o sistema político transformou os homens em dentes de uma engrenagem burocrática cega, cabe ao direito penal atribuir-lhes responsabilidade e, assim, transformar os dentes em seres humanos; tanto é verdade que, como Hannah Arendt sublinha com sutileza no curso do processo *Eichmann*, o processo penal realiza uma tarefa de *re-humanização* não só da vítima, mas também dos perpetradores. E o mesmo se dá no caso ruandês, em que, como lembra Jacques Sémelin, o verbo *trabalhar* acabou por significar matar os tutsis.[32] Associado ao vocábulo "limpeza", com seu cortejo de imagens desumanizadoras (baratas e outras), o "trabalho" exprime a transformação daquele que executa, criminoso por obediência, um simples dente, donde a necessidade de um julgamento penal que, em suma, aceite o desafio de humanizar o perpetrador.

Portanto, do Estatuto do Tribunal aos princípios de Nuremberg, depois, aos Estatutos dos Tribunais Penais Internacionais e, enfim, ao Estatuto do TPI, o princípio é claro: "quem quer que cometa um crime que seja da competência do Tribunal é individualmente responsável e pode ser punido em conformidade com o presente Estatuto" (art. 25, §1º, Estatuto do TPI). Resta saber como aplicar tal princípio num contexto coletivo.

A comparação com outro contexto coletivo, o da empresa, pode esclarecer a investigação pelo conceito de "responsabilidade do administrador", que implica uma cisão entre os elementos constitutivos da

---

cometidas no território da ex-Iugoslávia depois de 1991, A/49/150 (17 de agosto de 1994), parágrafo 16; acrescente-se S. Manacorda, *Imputazione Collettiva e Responsabilità Personale, Uno studio sui paradigme ascrittivi nel diritto penale internazionale*, Turim: G. Giappichelli., 2008.

[31] Ver os artigos 27 e 28 do Estatuto da Corte Internacional de Justiça.

[32] Ver Hannah Arendt, *Eichmann à Jerusalem*, Paris: Gallimard, 1966 (H. Arendt. *Eichmann em Jerusalém*. Tradução de José Rubens Siqueira. São Paulo: Companhia das Letras, 1999) et Jacques Sémelin, *op. cit.*

infração: a falta é imputável ao administrador, mas o comportamento material é realizado por um subordinado, que será responsável, também ele, se cometeu uma falta. A transposição desse entendimento para os crimes internacionais é sugerida por sua organização hierárquica, militar ou política. Seria tão injusto sancionar apenas aquele que se encontra ao final da cadeia, a pessoa que puxa o gatilho, quanto punir exclusivamente o chefe. Para evitar designar um bode expiatório, é preciso declarar responsáveis todos aqueles que, em graus diversos, participam no resultado final.

Mas aqui os dados são ainda mais complexos, precisamente em razão do caráter massivo dos massacres, que podem ter sido efetuados graças ao concurso de numerosas pessoas (em Ruanda, por exemplo, as milhares de vítimas foram exterminadas por milhares de autores). Além disso, a cisão dos elementos constitutivos do crime aparece não apenas na cadeia vertical do comando, mas, também, de forma horizontal, entre os diversos participantes que contribuem para "a empresa criminosa conjunta", conceito próprio ao direito internacional penal.[33] Malgrado as dificuldades próprias a essa "criminalidade de sistema", o direito penal deveria, assim, possibilitar a individualização da culpa, que fundamenta a responsabilidade de cada um.

Quanto às sanções, não há uma ilusão em almejar situá-las no espaço internacional? Com efeito, de uma parte, o papel das jurisdições internacionais limita-se ao pronunciamento das penas, pois que elas não dispõem de meios para executá-las de outro modo que não seja se fiando na boa vontade dos Estados, depois da investigação sobre o crime e antes da execução das penas.

De outra parte, ainda que limitado, o resultado do funcionamento dos Tribunais Penais Internacionais para os 10 primeiros anos (de 1993-1994 a 2004) revela uma desproporção enorme entre o número de condenações pronunciadas (50 para a ex-Iugoslávia e 20 para Ruanda, comparadas, no último caso, a aproximadamente 700 mil vítimas e aos 120 mil suspeitos detidos nas prisões locais) e o orçamento anual global superior a 250 bilhões de dólares, ou seja, 15% do montante total do orçamento ordinário das Nações Unidas.[34]

Como não se interrogar sobre esse processo dispendioso e espetacular que reinventaria o sacrifício expiatório em escala de uma

---

[33] Ver o artigo 25 (3) a do Estatuto do Tribunal Penal Internacional.
[34] Ver *Rétablissement de l'Etat de droit et administration de la justice pendant la période de transition dans les sociétés en proie à un conflit ou sortant d'un conflit*, Relatório supracitado, nº 42.

comunidade mundial inexistente? Para avaliar o impacto dessa "justiça espetáculo", propõe-se que se tome em consideração o "princípio da bola de bilhar": o jogador visa uma primeira bola a fim de atingir uma segunda, que constitui seu verdadeiro objetivo.[35] Do mesmo modo se passaria com o Tribunal Penal Internacional para a ex-Iugoslávia, cujo primeiro alvo seria a ex-Iugoslávia, mas cujo verdadeiro público-alvo seria o Ocidente. Desse ponto de vista, o Tribunal teve um "sucesso formidável junto às opiniões ocidentais". Desempenhando o papel de "grande desencadeador do processo de luta contra a impunidade e a juridicização do sistema internacional", ele propicia, na sequência, a criação de múltiplos Tribunais, internacionais (TPIR e TPI) e internacionalizados, sem esquecer a mundialização dos juízes nacionais pelo desenvolvimento da competência universal.

Mas a questão não se coloca só em termos de custo e de efetividade da justiça penal, ela se coloca também em termos de legitimidade. Dito de outro modo, não podemos nos contentar com a palavra de ordem da luta contra a impunidade sem evocar a natureza e as funções da sanção. Donde a necessidade de uma reflexão sobre o lugar do direito "penal" numa política de punição, mas também de prevenção, de reparação e de reconciliação (de uma justiça "restaurativa", às vezes se diz).

Eu lembraria apenas que o filósofo Paul Ricoeur critica o "rigorismo kantiano", que lhe parece "uma homenagem inumana à humanidade", mas também a "pobreza espiritual" da concepção dialética defendida por Hegel (a pena, negação da negação que constitui o crime, é supostamente restabelecer e restaurar a ordem).

Não é um acaso que sua reflexão sobre a pena, intitulada "Antes da justiça não violenta, a justiça violenta",[36] tenha lugar numa obra consagrada ao processo de verdade e reconciliação instaurado na África do Sul, em aplicação da Constituição Provisória de 1993, cujo epílogo anunciava a vontade de "transcender as divisões e lutas do passado".

Às violências nascidas do *apartheid*, que engendraram a "transgressão dos princípios de humanidade" e "uma herança de ódio, medo, culpa e vingança", a resposta dos novos dirigentes do país era que, para fundar uma comunidade pacificada, era necessário, de fato, transcender as divisões e lutas: reconciliar, de início, e punir

---

[35] P. Hazan, "Mesurer l'impact des politiques de châtiment et de pardon: plaidoyer pour l'évaluation de la justice transitionnelle", *Rev. internat. Croix Rouge*, 2006, p. 343-365.
[36] P. Ricoeur, "Avant la justice non violente la justice violente" in *Vérité, réconciliation, réparation*, organizado por B. Cassin, O. Cayla et Ph.-J. Salazar, Paris: Seuil, 2004, p. 159-172.

somente em caso de falta. Um dos méritos da Comissão de Verdade e Reconciliação da África do Sul terá sido colocar a questão da natureza das sanções não só em termos de punição, mas também em termos de reparação e reconciliação. Esses elementos ao menos indicam os traços primordiais de uma reflexão sobre a sanção. Eles constituem a etapa última, mas necessária, da plena realização do paradigma do direito penal do inumano.

Em conclusão, em face dos massacres, eu estabeleceria duas condições para que o modelo do direito penal do inumano se torne um ideal realizável e universalizável.

De uma parte, todos os ramos do direito devem ser mobilizados. Se queremos resistir à tentação do direito penal do inimigo, precisamos construir esse modelo, que eu propus denominar "direito penal do inumano" pelo conjunto de interações entre direito interno e direito internacional. Dito de outro modo, precisamos, ao mesmo tempo, integrar melhor a riqueza dos direitos nacionais na justiça penal internacional, inclusive em matéria de sanção e de responsabilidade, e adaptar melhor as justiças penais nacionais às condições do direito internacional, portanto, introduzir no direito interno a definição de crimes, ou, ainda, as regras de atribuição da responsabilidade. Já sabemos, com efeito, que a justiça penal internacional não poderá julgar tudo, e que, por isso, precisaremos contar com os juízes nacionais.

De outra parte, o direito não será suficiente. As outras ciências humanas e sociais serão igualmente necessárias se quisermos construir, sobre o interdito dos massacres, um direito comum da humanidade, que exprima a emergência de uma comunidade verdadeiramente mundial, ou seja, que una não só os Estados, mas também os homens que compõem a humanidade.

POSFÁCIO

DIÁLOGO COM MIREILLE DELMAS-MARTY, EM SÃO PAULO, 11 DE OUTUBRO DE 2007, OU A BUSCA PELOS FUNDAMENTOS DO DIREITO PÓS-MODERNO

Cependant quelle est la démarche la plus difficile à décrire: inscrire la pensée du moment dans l'éternel ou au contraire s'emparer de ce qui est éternel et l'inscrire dans le moment qui passe?[1]

Le sens normal des mots, par rapport aux actes, change selon les veleités des hommes.
[THUCYDIDE (465-395 a.C.)][2]

Avec ses développements souvent inattendus, l'Histoire semble vouloir nous apprendre qu'à une conquête guerrière succéde généralement une autre, toute pacifique, au cours de laquelle l'occupant est à son tour absorbé par sa conquête. Et c'est sans doute bien ainsi. Dans les cas où ce phénomène ne se produit pas, le conquérant se trouve rapidement isole, écarté du système, enkysté, réduit en sa tour d'ivoire, d'où il ne voit plus rien et ne conduit plus rien.[3]

---

[1] ARAGON. "Matisse ou la grandeur" (nov./dec. 1941). *In*: ARAGON. *Henri Matisse*: roman. Paris: Gallimard, ed. orig. 1971, nouv. ed. 1998. p. 17-27, cit. p. 25.
[2] THUCYDIDE. *Histoire de la guerre du Péloponnèse*. Paris: Hachette et cie, Livre III, ch. 82.
[3] HAMPATÉ BÂ, Amadou. *Vie et enseignement de Tierno Bokar*: le sage de Bandiagara. Paris: Seuil, 1980, p. 16.

A construção do direito no contexto pós-moderno se insere em nosso tempo histórico e contexto cultural. A percepção dessa necessidade e de seu campo de aplicação não explica como essa construção deve ser empreendida e desenvolvida em vista de que se tenham as ferramentas conceituais e normativas adequadas para que o direito atue de forma significativa e eficaz sobre a realidade presente.

Permitam-me falar, mais especificamente, sobre a presente realidade internacional. O direito pós-moderno, ao mesmo tempo que integra a presente realidade internacional, faz-se a cada dia: seja para construir, seja para arruinar as bases sobre as quais ele foi edificado, no quadro do direito internacional moderno. E as respectivas esferas de atuação se renovam, sempre.

Para os contemporâneos de Francisco Goya, a cara do inumano era o soldado francês, o invasor conduzido por Napoleão I: este teria esperado que os espanhóis de seu tempo se dessem conta de que ele lhes levava a civilização moderna; que lhes dava uma Constituição, a de 1812, a qual os desprendia dos grilhões do absolutismo dos Bourbon; que ele lhes fazia mudar de século e leva-lhes um progresso evidente em relação ao domínio precedente, igualmente absoluto, da igreja sobre o conjunto da vida cultural, a qual demarcava limites estritos e estreitos a toda atividade intelectual que ultrapassasse o que se considerava como a ortodoxia.

E, no entanto, os espanhóis se voltaram contra o déspota esclarecido que queria levar-lhes a democracia. Combateram com os meios de que dispunham na época, nitidamente inferiores aos do exército francês, e não raro com instrumentos improvisados, lutando com todas as suas forças. Até porem fim à ocupação francesa, em 1814. Aquilo que viria em seguida seria ainda mais triste. O regime violentamente reacionário de Fernando VII será uma mostra do que os espanhóis teriam com F. Franco!

A senhora, Mireille Delmas-Marty, declarou (2005):[4] "a arte é um verdadeiro alimento para o espírito".[5] Às vezes o alimento pode se tornar pesado. Como o mostra Goya, na magnífica série de *Los desastres de la guerra*. Será forçoso reconhecer a grandeza da obra artística de Goya, que não se abandona à pretensão de nos dar uma visão — eu poderia

---

[4] DELMAS-MARTY, Mireille. *Vers un droit commun de l'humanité*: entretien mené par Philippe Petit, Paris: Textuel, 1995.
[5] "Para mim, a arte, quando inovadora, não é um refúgio para escapar a uma vida marcada pela aridez do direito, mas um verdadeiro alimento para o espírito" (DELMAS-MARTY, op. cit., p. 24).

dizer "hollywoodianamente" — maniqueísta da guerra, na qual os bons e os maus seriam qualificados por nacionalidade: o horror é partilhado. Ele está dos dois lados! Às vezes não se veem os rostos, não se veem os uniformes. Isso não faz nenhuma diferença: o horror é a mortandade inominável da guerra. A estupidez humana ampliada pela força das armas, feita ainda mais mortífera pelos avanços da tecnologia.

Não se trata de fazer um estudo histórico,[6] tampouco de história da cultura.[7] Não se trata também de um estudo da história do direito, menos ainda de uma história do direito internacional pós-moderno, em relação à história e à cultura. Trata-se, sim, de situar o direito internacional no contexto pós-moderno, em relação à história e à cultura. Trata-se da "longa duração", de determinar o sentido ou o fio condutor de que falam, respectivamente, F. Braudel[8] e J. Le Goff (1977).[9]

Qualquer construção humana deve reportar-se ao mundo e ao conceito de mundo,[10] compreendido como tempo (histórico) e contexto

---

[6] Mas pode-se muito bem ter como fundo cultural a história, no intuito de compreender os caminhos do mundo, tal como o literariamente monumental *A Study of History*, de Arnold Joseph Toynbee [condensado por D. C. Sommerwell (London: Toronto; New York: Oxford U. P., v. 1-6, 1949; v. 7-10, 1957, v. 11, 12 - Reconsiderations, 1961)], ou as lições ao mesmo tempo formadoras e paradigmáticas da história que nos dão Heródoto e Tucídides, em suas *Oeuvres completes* [Hérodote: L'Enquête. Thucydide: Histoire de la guerre entre les Péloponnésiens et les Athéniens. Paris: Gallimard, 1964. (Bibliothèque de la Pléiade)].

[7] BURCKHARDT, Jacob. Kulturgeschichtliche Vorträge. Mit einem Nachwort, herausgegeben von Rudolf Marx. Stuttgart: Alfred Kröner, 1959. p. 419-445, ver a observação de Burckhardt ao jovem Bernard Kluger, numa carta de 1874, cit. p. 419: „Einstweilen geht meine Erfahrung dahin, dass gelehrte Autorschaft eines der ungesundesten und blosses Dozieren (so beschwerlich es sei und so umständlich die dazu gehörigen Studien und Vorbereitungen) eines der gesundesten Metiers auf der Welt ist". Longo caminho da evolução da história da cultura, depois dos clássicos, Burckhardt, até um clássico do século XX como Werner Jaeger, em sua obra-prima (*Paideia*: die Formung des griechischen Menschen. Berlim: De Gruyter, 1936), ou ainda, Kenneth Clark (*Civilization*: a personal view, 1969), até Peter Burke, em seu ensaio *What is history?* (2004).

[8] Fernand Braudel, *La longue durée* (Publ. orig. *Annales E.S.C.*, oct./déc. 1958. Repris dans *Écrits sur l'histoire*, 1969), et publié dans Fernand Braudel *Les ambitions de l'histoire* éd. établie et présentée par Roselyne de Ayala, Paule Braudel, Maurice Aymard (Paris: Ed. de Fallois, 1997. p. 191-230).

[9] GOFF, Jacques Le. *Pour un autre Moyen Âge*. Paris: Gallimard, 1977. Préface, p. 7-15, cit. p. 14: "Nessa pesquisa da história cultural era necessário um fio condutor, uma ferramenta de análise e de investigação. [...] Porque diz com precaução de quais documentos nos servimos e o que se encerra sob essas noções, eu acredito na eficácia dessa ferramenta".

[10] CLAVIER, Paul. *Le concept de monde*. Paris: PUF, 2000. p. 4: "Nós podemos constatar, através das épocas e das gerações, através dos lugares e dos meios, a existência de formas diferentes de conceber o mundo: representações mitológicas, interpretações científicas, doutrinas teológicas, organizações políticas, abordagens econômicas, escolhas éticas, visões artísticas... E, no interior de alguma dessas abordagens, concepções diferentes: o mundo de Homero não é o de Dante, nem o mundo de São Paulo o de Confúcio, o mundo de Einstein não é mais, ou já não é só, o mundo de Newton, nem o mundo de Picasso é o de Velasquez. Mas, justamente, essas diferenças só têm significado a partir de um

(cultural), no qual se inscreve. Trata-se de ter as referências no mundo, sem necessariamente nele se perder: trata-se de tomar como parâmetro a realidade, porque a perda do contato vital com ela seria prejudicial, mas sem assumir que essa realidade é a única possível para o mundo. Donde o direito internacional pós-moderno no contexto cultural e temporal presentes.

A senhora me acalentou o coração com seu ensinamento, Mireille Delmas-Marty (2005):[11] "o direito não se deixa reduzir a um jogo de poder. Ele é, ademais, a busca de uma sabedoria".[12] Em que medida se deverá restabelecer o direito internacional pós-moderno sobre as bases e os conceitos que nos foram legados pelo direito internacional de outros tempos dependerá da distância a que se pretender levá-lo a partir do presente. O direito internacional, como sistema, baseia-se na construção institucional que torna possível a vida em comum e a regulamentação jurídica para a *solução pacífica das controvérsias* entre sujeitos de direito internacional.[13] Além dos Estados, esses sujeitos compreendem, doravante, as organizações internacionais e os outros agentes no plano internacional, com papel crescente para os indivíduos. Os indivíduos ainda não foram plenamente acomodados! Os Estados não facilitam a sua vida, não lhes deixam muito espaço.

O ponto de convergência do estudo sobre a posição internacional dos indivíduos reside na efetivação dos direitos humanos e faz referência à sistemática dessa efetivação.

A questão da construção do diálogo entre as civilizações não é um detalhe. Não é um suplemento do qual se possa passar ao largo. Trata-se de assunto crucial para a continuidade da vida sobre a Terra.

---

tronco comum. Em *A prisioneira*, Proust escreve que 'o universo é verdadeiro para todos e dessemelhante para cada um'. Esta é uma maneira de dizer que as divergências subjetivas de apreensão e de concepção da realidade supõem uma convergência objetiva. Na raiz, ou no cruzamento, dessas concepções divergentes deve haver uma configuração comum, uma estrutura geral de seres e acontecimentos, um referencial no qual essas concepções se completam ou se contradizem, encontram-se ou se ignoram. Um dispositivo ou uma figura que partilhem ou aos quais cheguem todas as perspectivas subjetivas de conhecimento e de ação".

[11] DELMAS-MARTY, Mireille. *Vers un droit commun de l'humanité*: entretien mené par Philippe Petit. Paris: Textuel. 1ª. ed. 1995; 2ª. ed. 2005.
[12] DELMAS-MARTY, *op. cit.*, 2005, p. 14.
[13] Resolução do *Institut de Droit International*, adotada na sessão de Berlim, em 24 de agosto de 1999, sobre a regulamentação judicial e arbitral das controvérsias internacionais concernentes a mais de dois Estados, 11ª Comissão, tendo como Relator Rudolf Bernhardt (texto original em inglês), em que se reafirma que a solução pacífica das controvérsias entre Estados, antes concebida como mecanismo essencialmente bilateral, com frequência cada vez maior se faz com a participação de mais de dois Estados, haja vista o caráter parlamentar e a multilateralidade das relações internacionais pós-modernas.

Que essa pesquisa seja conduzida por tal ou qual ramo do direito pouco importa. É preciso assegurar-se da sua eficácia.

Aí também intervém a sua lição, Mireille Delmas-Marty (2005):[14] "a eficácia já observável não basta para fundar uma legitimidade que torne oponíveis os valores comuns".[15] A advertência que a senhora faz a respeito da África do Sul, de que "o homem não existe como tal, mas apenas na medida de sua inserção comunitária", faz-me pensar no poema de John Donne, "No man is an island". É preciso construir as suas referências.

O direito se apresenta como instrumento para regulamentar a vida em sociedade,[16] para excluir ou, ao menos, para limitar o recurso à força, o que, no direito penal interno, tornou-se antiquado e interdito pelo desenvolvimento institucional, que exclui o exercício arbitrário das próprias razões. Apesar disso, tais pendores primitivos se fazem presentes e atuantes nas ordens internas e, de certo modo, também no contexto internacional.

A escolha deve ser feita de maneira clara. Seja para ponderar o confronto, a política de poder (*power politics*), seja para avaliar a possibilidade de construção e funcionamento de estruturas válidas e eficazes, para assegurar a existência e a operação daquilo que comumente[17] se chama de o *sistema internacional*.

O contexto internacional foi, durante séculos, quase exclusivamente estruturado e operado pelos Estados. Mas, ao lado desses, outros agentes se fazem mais presentes e atuantes, embora ainda não se lhes tenham atribuído funções específicas, nem lhes tenham sido assinaladas linhas de ação, o que só aumenta a fragmentação e a aparência de desconexão entre as partes desse sistema[18] internacional,

---

[14] DELMAS-MARTY, *op. cit.*, 1ª. ed. 1995; 2ª. ed. 2005.
[15] DELMAS-MARTY, *op. cit.*, 2005, p. 14.
[16] CHINOY, Ely. *Society*: an Introduction to Sociology. New York: Random House. 1961, 1967. Malgrado sua importância, não há acordo inequívoco concernente ao sentido de "sociedade", mesmo entre os especialistas nas ciências sociais e, sobretudo, entre os sociólogos, tendo alguns dos quais dado à disciplina o nome de ciência da sociedade. Essas diferenças conceituais indicam, com frequência, que as pessoas consideram ou se lembram de aspectos diferentes do mesmo fenômeno.
[17] É preciso empregar com precisão termos que não são neutros, tais quais o direito como "sistema", termo que parece, inclusive quando preferível ao termo "ordem", que faria supor um conteúdo ordenado e cujos elementos são preestabelecidos. No fundo, seria preciso fazer como advertiu Samuel Taylor Coleridge em seu ensaio intitulado *On Style*: "se os homens dissessem simplesmente, em termos simples, o que têm a dizer, eles seriam muito mais eloquentes".
[18] Na medida em que não se pode evitar, será preciso especificar o sentido em que o termo é empregado. Segundo Martin Heidegger, toda questão, de certa forma, já encerra uma intuição do que é perguntado.

compreendido como necessidade de realização de uma vida em comum ordenada. Donde o contexto que seria designado *pós-moderno*, como viremos a explicar.

Determinar o conteúdo e o papel do direito internacional pós-moderno poderá, portanto, oscilar em relação direta com a concepção segundo a qual ele está estruturado e com a compreensão do papel que deverá ter esse mesmo direito no quadro de um sistema institucional e normativo, assim como na aplicação desse sistema não só no plano internacional, mas, também, por razões evidentes, nos diferentes planos internos, para a efetivação do direito internacional pós-moderno *vis-à-vis* os respectivos sistemas nacionais. O direito internacional se faz, numa medida considerável, para os Estados e pelos Estados. Sem ação ou omissão deles, não haverá sistema internacional, por mais elementar que isso seja.

O direito internacional não pode ser compreendido nem como sistema abstrato, nem como absoluto: ele é relacional. Não é abstrato, o que poderia ser concebido e estudado num espaço intelectual vazio, ao menos teoricamente ideal; nem é absoluto, mas deverá ser testado para ter a dimensão prática da sua aplicação. Será preciso entender, porém, que ele não pode mais ser reduzido a tais dimensões empíricas, nem pode permitir que elas sejam tomadas de forma determinante para estabelecer o conteúdo do sistema.

Nesse caso, Mireille Delmas-Marty[19] percebeu e anotou bem: "é incontestável que na atualidade existe uma grande heterogeneidade entre os direitos humanos tais quais são reconhecidos e tais quais são aplicados".[20]

Na busca pelos fundamentos do direito internacional pós-moderno, este será inicialmente concebido como sistema e, em seguida, como aplicação desse sistema. É difícil conceber uma "ordem internacional", haja vista a sua precariedade, com desvios consideráveis em sua interpretação[21] e em sua aplicação.

Essa aplicação se faz no plano internacional, ou, mais precisamente, em diferentes planos internacionais: bilaterais ou multilaterais,

---

[19] DELMAS-MARTY, *op. cit.*, 1ª. ed. 1995; 2ª. ed. 2005.
[20] DELMAS-MARTY, *op. cit.*, 2005, p. 126.
[21] SERGE SUR. *L'interprétation en droit international public*. Paris: L.G.D.J., 1974; SERGE SUR. *La coutume international*. Paris: Litec, 1990; SERGE SUR. Système juridique international et utopie. Le Droit International (*Archives de Philosophie du Droit*, Paris, t. 32, p. 35-45, 1987); SERGE SUR. Vérification en matière de désarmement. *In*: RECUEIL des cours, Collected Courses – RCADI. Boston: Nijhoff, 1998. v. 273, p. 9-102; SERGE SUR. Relations internationales Paris: Montchrestien, 1ª. ed. 1995; 3ª. ed., 2004.

de vocação universal ou regional, no quadro de organizações internacionais de caráter político, técnico ou científico, nas relações internacionais entre países desenvolvidos ou entre países em vias de desenvolvimento, ou ainda, entre uns e outros ao mesmo tempo, seja em contextos bilaterais ou multilaterais. As categorias jurídicas internas podem ser úteis e poderiam ser multiplicadas, desde que não se perdesse de vista a visão e a missão do direito internacional, em seu conjunto e segundo o seu papel, como sistema para ordenar as relações entre sujeitos de direito internacional (e os outros agentes não estatais)[22] no plano internacional.

As relações entre os Estados podem se dar segundo a aplicação do direito, do mesmo modo que mediante o emprego da força e da coação. Ou, ainda, em graus variáveis, pode haver gradações entre uma e outro. Todo o conjunto dessas relações internacionais terá, a um só tempo, uma dimensão política e consequências jurídicas, e estas podem variar em graus consideráveis. *A identidade dos sujeitos e agentes não será desprovida de repercussão sobre a avaliação e as consequências dos atos.*

A construção do direito internacional pós-moderno está em curso. Isso não será fortuito, mas decorrente de imperativos categóricos no sentido kantiano do termo, segundo o tempo (histórico) e o contexto (cultural) nos quais se inscrevem os sujeitos (e os outros agentes) do plano internacional no mundo pós-moderno: o procedimento de revisão e reavaliação do direito internacional legado por outros períodos está em seu apogeu e se ocupará de apreciar quanto desse legado continua válido e conseguirá sobreviver às operações correntes de "limpeza" ou de renovação, para ser *re-visitado* e submetido a uma reavaliação estrutural, desde a base, de modo a poder ser mantido em condições conceitual e operacionalmente válidas. Tais conceitos e instituições continuarão válidos.

Será necessário ver, além disso, em que medida algumas dessas instituições estão, hoje em dia, fora de condições de poder contribuir

---

[22] En 1932, M. Siotto-Pintor (Les sujets de droit international autres que les états. *In:* RECUEIL des cours, Collected Courses – RCADI. Boston: Nijhoff, 1932-III. v. 41, p. 245-362). Voir aussi MEHDI, Rostane. L'introduction. *In:* BOISSON DE CHAZOURNES, Laurence; MEHDI, Rostane (Coord.). *Une société internationale en mutation*: quels acteurs pour une nouvelle gouvernance?. Bruxelles: Bruylant, 2005. Mutations de la société internationale et adaptations insitutionnelles: le grand défi, p. 7-18, item II 'participation des acteurs non-étatiques et bonne gouvernance'); GHERARI, Habib; SZUREK, Sandra (Coord.). L'émergence de la société civile internationale: vers la privatisation du droit international?. *In:* ACTES du Colloque. Organisation sous les auspices de M. Hubert Vedrine, Ministre des Affaires étrangères, n. 18, 02-03 mars 2001. Paris X: Pedone; CEDIN-Paris X, Cahiers Internationaux, 2003.

efetivamente para regulamentar o funcionamento do mundo e, assim, em condições de ser conhecidas e estudadas como dados históricos: no sentido de terem sido úteis anteriormente, mas não poderem mais ser usadas como instrumentos eficazes no plano internacional, nesse momento.

Na conferência de 09 de outubro de 2007, a senhora mencionou o fato de que, depois de tudo, o Estatuto da Corte Internacional de Justiça conserva a redação precedente da Corte Permanente de Justiça Internacional, ousando manter a denominação "princípios gerais de direito reconhecidos pelas nações *civilizadas*". Quais seriam essas nações *civilizadas* pode parecer menos fácil de responder nesse momento em comparação com a consciência (às vezes demasiado) tranquila da missão civilizadora, que já não é mais consistente, tal como concebida ainda nos primórdios do século XX. Do mesmo modo, dever-se-á rever com cuidado quais poderiam ser as nações a ficar à margem dessa qualificação.[23]

A questão seria, portanto, determinar em que sentido devem ser interpretados esses "princípios gerais de direito reconhecidos pelas nações civilizadas" estipulados pelo Estatuto da Corte Internacional de Justiça, em seu art. 38.1, "c". De acordo com Hersch Lauterpacht (1927),[24] as analogias seriam efetuadas com relação aos sistemas nacionais de

---

[23] Em setembro de 2005, a CIJ revisou seu Estatuto e determinou a modificação do artigo 43, concernente ao desenrolar do procedimento junto à Corte. Questões conceituais desta ordem também deverão ser enfrentadas. Na medida em que praticamente todos os Estados do planeta são, na atualidade, membros da Organização das Nações Unidas, até que ponto haverá uma razão para conservar a redação adotada na sequência da Primeira Guerra Mundial? E como deverá ser interpretada tal disposição jurídica num mundo estrutural e culturalmente dividido como o nosso?

[24] LAUTERPACHT, Hersch. *Private Law Sources and Analogies of International Law*. London: Longmans & Co., 1927. p. 274, note 5 e p. 275: "The Statute refers here to such general principles of law as are *neither international law proper* nor considerations *ex aequo et bono*. For him therefore argument from analogy with private law was the process intended by art. 38 (1) (c); and was, furthermore, already established as a means of decision of international legal disputes. Subsequently, as a judge of the International Court, he was able in his separate and dissenting opinions to demonstrate the virtues of this approach". Ver também: STRUPP, K. Le droit du juge international de statuer selon l'équité. *In*: RECUEIL des cours, Collected Courses – RCADI. Boston: Nijhoff, 1930-III. v. 33, p. 351-482; HABICHT, M. Le pouvoir du juge international de statuer *ex aequo et bono*. *In*: RECUEIL des cours, Collected Courses – RCADI. Boston: Nijhoff, 1934-III. v. 49, p. 277-372; ARANGIO-RUIZ, G. Le domaine réservé: l'organisation internationale et le rapport entre droit international et droit interne. *In*: RECUEIL des cours, Collected Courses – RCADI. Boston: Nijhoff, 1990-VI. v. 225, p. 9-484. Pour H. L. A. Hart, trata-se de analogias de forma e de conteúdo, ver *The Concept of Law*. 2nd ed. Oxford: Clarendon Press, 1994. cap. X - International Law, p. 213-237, n. 5, Analogies of form and Content, p. 232-237.

direito *privado*, e não de direito *público*, em que ele se empenha em mostrar que os sistemas jurídicos nacionais poderiam ser explorados pelos operadores do direito internacional na busca por argumentos para sustentar as analogias e que os advogados e os juízes internacionais estariam perfeitamente aptos a servir-se desses argumentos. O problema seria, segundo E. Hambro (1962)[25] e W. Riphagen (1961, 1970, 1994),[26] delimitar os domínios de ação entre as regras de direito público e as regras de direito privado?

Para Lauterpacht, seria justamente esse o sentido do art. 38: o texto contempla a forma segundo a qual os princípios gerais de direito, tais quais presentes nos diversos direitos nacionais, poderiam ser retomados, como tais, pelo direito internacional em geral e pelo direito internacional pós-moderno em particular.[27] No mesmo sentido, para G. Ripert (1933),[28] tratar-se-ia de buscar a possibilidade e a medida de uma transposição de princípios e conceitos de direito civil para informar qual pode ser o conteúdo dos "princípios gerais de direito", tais como mencionados pelo Estatuto da Corte Permanente de Justiça Internacional.

Esse sistema de direito internacional pós-moderno está em vias de preparação, mas ainda resta muito trabalho. O pós-moderno é orientado pelo temporário, pelos dados que passam, e muito menos pelo que está consolidado pela história; portanto, ele se encerrará no contemporâneo.

---

[25] HAMBRO, E. The relations between international law and conflict law. *In:* RECUEIL des cours, Collected Courses – RCADI. Boston: Nijhoff, 1962-I. v. 105, p. 1-68.

[26] RIPHAGEN, W. The relationship between public and private law and the rules of conflict of laws. *In:* RECUEIL des cours, Collected Courses – RCADI. Boston: Nijhoff, 1961-I. v. 102, p. 215-334. Ainda Riphagen, alguns anos mais tarde, sempre na Haia, a propósito: "National and international regulation of international movement and the legal position of the private individual" (*In:* RECUEIL des cours, Collected Courses – RCADI. Boston: Nijhoff, 1970-III. v. 132, p. 489-620). E será ainda W. Riphagen a vislumbrar as "Techniques of international law" (*In:* RECUEIL des cours, Collected Courses – RCADI. Boston: Nijhoff, 1994-II. v. 246, p. 235-386).

[27] H. Lauterpacht, na condição de Juiz da CIM, teve a oportunidade de mostrar sua linha de interpretação, por exemplo em *Certains emprunts norvégiens*, em que faz menção às *condições potestativas* do direito francês como exemplo de princípio geral de direito aplicável sob as reservas contidas nas declarações concernentes à cláusula facultativa de jurisdição obrigatória (*self-judging reservations to Optional clause declarations*) (cf. C.I.J. *In:* RECUEIL des cours, Collected Courses – RCADI. Boston: Nijhoff, 1957. p. 49-50).

[28] RIPERT, G. Les règles du droit civil applicables aux rapports internationaux (Contribution à l'étude des principes généraux du droit visés au Statut de la Cour permanente de justice internationale). *In:* RECUEIL des cours, Collected Courses – RCADI. Boston: Nijhoff, 1933-II. v. 44, p. 565-664.

As nações *civilizadas*[29] deverão se mostrar à altura das necessidades operacionais do direito internacional pós-moderno, por meio de uma reação diversa dos sistemas de direito e das ordens jurídicas aos valores e à estrutura do pensamento pós-moderno.

A complexidade e a amplitude da tarefa são enormes. Os resultados se fazem presentes de modo progressivo e em graus variáveis, segundo nuanças regionais, ao mesmo tempo que se trata de vislumbrar, em seu conjunto, um sistema de direito internacional pós-moderno de vocação mundial.

Em que medida esse direito internacional pós-moderno poderá ser estruturado de uma forma tal que lhe permita incidir validamente sobre a realidade política do uso da força e de pressões que podem ser, simultaneamente, econômicas, comerciais, ambientais, de preservação dos recursos naturais,[30] e ainda da viabilidade da preservação da vida inteligente sobre o planeta, assim como em relação às estratégias (militar, econômica ou política) ou ao acesso aos recursos naturais, tal como aos mercados, ou a variáveis de cada uma dessas, para poder aceder à regulação juridicamente eficaz de tais questões e necessidades? A conclusão é clara: na medida em que a tarefa ainda está em curso, pode ser prematuro determinar quais serão os seus resultados.

As necessidades existem e são perceptíveis. Durante a construção, a percepção do conjunto vislumbrada pode não ser clara para aqueles que olham o canteiro de obras do lado de fora, sem o ver como conjunto ordenado, mas, sim, como caos de atividades diferentes que levarão ao resultado, uma vez que ele for alcançado. Às vezes pode não ser evidente, inclusive para aqueles que estão do lado de dentro e trabalham no canteiro de obras do direito internacional pós-moderno. Ao mesmo

---

[29] THIRLWAY, Hugh. Concepts, principles, rules and analogies international and municipal legal reasoning. *In*: RECUEIL des cours, Collected Courses – RCADI. Boston: Nijhoff, 2002, v. 294, p. 265-406, cit. p. 274: "Article 38 includes among the recognized sources of law the 'general principles of law' recognized in the legal systems of 'civilized nations'. As you will be aware, there are differing views as to the meaning of the reference in the Statute to those principles; but for most scholars, the correct interpretation would at least include the principles which can be found to be shared by all, or at least most, national legal systems. The reference to general principles of law was included in the Statute of the Permanent Court essentially to ensure that the Court should not, for lack of a customary or conventional rule, be obliged to declare a *non-liquet*, that is, decline to give a decision. Is the effect of article 38 that such principles form part of international law, or are they something existing outside it which can, when necessary, be transposed to the plane of international relations?"

[30] ELIAN, G. Le principe de la souveraineté sur les ressources nationales et ses incidences juridiques sur le commerce international. *In*: RECUEIL des cours, Collected Courses – RCADI. Boston: Nijhoff, 1976-I. v. 149, p. 1-85.

tempo, trata-se de esperar que todo o sistema, em seu conjunto, esteja pronto antes de mostrá-lo, porque isso poderia tomar muito tempo e lhe exporia ao risco de ser superado antes mesmo de ser completado. Wittgenstein menciona o trabalho feito pelo pensador, que poderia confessar objeções de forma, em razão dos limites de seu autor, mas tinha convicção no que se refere ao seu objeto. O manuscrito datado de Viena, 1918, foi inicialmente publicado em 1921.[31] Do mesmo modo, os cursos dados em Cambridge nos anos 1930, especialmente nos anos acadêmicos de 1933-34 e 1934-35, chegaram-nos sob a forma de anotações de alunos,[32] enquanto se esperava que elas recebessem sua redação definitiva.

Wittgenstein poderia ser igualmente aplicado: "no domínio da filosofia, a dificuldade reside em não dizer mais do que se sabe".[33] A mesma lição pode e deve ser experimentada e vivida também no direito internacional pós-moderno. E a advertência continua válida.

Dessa forma, trata-se de trabalhar com cuidado e humildade, no intuito de tentar dar uma contribuição útil para a construção e a delimitação dos fundamentos do direito internacional pós-moderno. E essa não será uma tarefa menor, na medida em que o direito internacional pós-moderno pode desempenhar um papel crucial para construir e assegurar o equilíbrio no mundo moderno, de modo que as relações internacionais se ordenem com base em princípios, e não em relações de coação e poder. Entre modelos de força e modelos jurídicos, a opção deve ser feita claramente, para determinar-lhe a direção e o sentido.

A lição central do direito internacional pós-moderno será mostrar que é possível regulamentar as relações internacionais segundo regras

---

[31] WITTGENSTEIN, Ludwig. *Tractatus logico-philosophicus*. London: Routledge & K. Paul, 1961. Préface de l'auteur. Título original: *Logisch-philosophische Abhandlung*, 1921: "no caso de meu trabalho ter algum valor, este será duplo. De início, porque exprime pensamentos, e ele será tanto maior quanto melhor esses pensamentos forem expressos. Nesse sentido, sou consciente de estar aquém do possível, simplesmente porque minhas forças são reduzidas para cumprir esta tarefa. Possam outros fazer melhor".
Ao mesmo tempo, a verdade dos pensamentos aqui comunicados me parece irretocável e definitiva, de forma que penso ter conseguido resolvê-los, naquilo que é essencial. Se me engano, o segundo valor deste trabalho é mostrar o pouco que se pode alcançar, quando se resolvem tais problemas.

[32] WITTGENSTEIN, Ludwig. *Los cuadernos azul y marron* (Título original: *The Blue and Brown Books*. Tradução da 2. ed. inglesa por Francisco Gracia Guillén e prefácio de Rush Rhees. Madrid: Tecnos, 1. ed. 1968, 2. reimpr. 1984). No prefácio se refere a carta de Ludwig Wittgenstein a Bertrand Russell, na qual mencionava "ter ditado algumas notas aos meus alunos, para que pudessem ter algo para levar para casa, se não nos cérebros, ao menos nas mãos".

[33] WITTGENSTEIN. *Cuaderno azul*, cit., p. 77.

jurídicas, desde que se preserve um grau mínimo de consistência na efetivação dos princípios, na interpretação das regras e na aplicação dos procedimentos de implementação do sistema. Assim se dá em todo sistema institucional e jurídico.

Faz-se menção a Malcolm Shaw (2003)[34] no sentido de avaliar a escolha feita no conjunto dos dados que podem ser invocados como fundamentos do direito internacional pós-moderno: como política de poder e também nas relações internacionais, numa medida considerável, o acento é posto sobre o confronto, o conflito e (a busca de) a supremacia como núcleo duro do sistema, como luta para sobreviver e assegurar influências, ao passo que o direito internacional é marcado pela busca da harmonia (ou da eunomia internacional, tal qual se verá) e a solução pacífica de controvérsias.[35] Trata-se de criar um sistema de normas jurídicas, ainda que se possa censurar o caráter elementar desse sistema, cuja importância não seja desprezível para desempenhar o papel de para-choque e de instituir mecanismos que levem à composição e ao equilíbrio entre os sujeitos e os outros agentes do direito internacional pós-moderno.

Um conjunto de princípios é estipulado no direito internacional pós-moderno no que diz respeito ao comportamento que os Estados devem adotar. Isso exprime, portanto, a convicção concernente ao caráter jurídico e à necessidade do direito internacional pós-moderno como instrumento para regulamentar o funcionamento do sistema internacional, seja entre Estados, tal como era o caso no quadro do direito internacional clássico, seja *vis-à-vis* novos sujeitos e agentes, em relação aos quais começam a se desenhar a configuração do equivalente

---

[34] SHAW, Malcolm N. *International Law*. 5th. ed. Cambrige: U.P., 2003. Ch. 1 - The Nature and Development of International law, v. rubrique sur 'The Function of Politics', cit. p. 12): "Politics is much closer to the heart of the system than is perceived within national legal orders and power much more in evidence. The interplay of law and politics in world affairs is much more complex and difficult to unravel, and signals [...] to the [...] discussions as to why states comply with international rules. Power politics stresses competition, conflict and supremacy and adopts as its core the struggle for survival and influence. International law aims for harmony and the regulation of disputes. It attempts to create a framework, no matter how rudimentary, which can act as a kind of shock-absorber claryfying and moderating claims and endevouring to balance interests. In addition, it sets out a series of principles declaring how states should behave. Just as any domestic community must have a background of ideas and hopes to aim at, even if few can be or are ever attained, so the international community, too, must bear in mind its ultimate values".

[35] RANGEL, V. M. Solução pacífica de controvérsias. *In*: CURSO DE DERECHO INTERNACIONAL, 11. Rio de Janeiro, organização do Comitê Jurídico Interamericano com la cooperación de la Secretaría General de la OEA, en agosto de 1984. Washington: O.E.A., Secretaria General, 1985. p. 29-48).

internacional de uma "sociedade civil" e ensaios rumo àquilo que se poderia chamar uma "sociedade civil internacional",[36] ou, ainda, a concepção de I. Kant de uma "sociedade civil universal", malgrado o fato de que é sempre pouco claro o que isso alcançaria e como seu funcionamento poderia ser assegurado. A fragmentação e o aumento do número de sujeitos e de agentes são características do tempo (histórico) e do contexto (cultural) que se chama direito internacional pós-moderno.

A lição de I. Kant, tal qual ele a apresenta a nós em seu ensaio *Idéia de uma história universal de um ponto de vista cosmopolita* (1784),[37] mereceria ser mais bem refletida: "uma conduta humana que isoladamente poderia parecer que era sabedoria, inserida na grande cena mundial, mostra-se afinal, em seu conjunto, marcada pela estultice, um capricho e, frequentemente, uma travessura muito infantil e uma ânsia de destruição contra a qual não se sabe muito qual julgamento formar a propósito da nossa espécie, tão orgulhosa de suas prerrogativas".[38]

Na medida em que se apresentará uma prévia daquilo que seguirá até o fim do percurso, a introdução terá cumprido seu papel e sua missão. A partir daí, cada capítulo deverá conter os elementos necessários, de construção do argumento e do seu fundamento, de modo a poder assegurar a coerência e a consistência do conjunto. O percurso a fazer até a conclusão deverá colocar os fundamentos do direito internacional pós-moderno, para lograr uma ordenação teleologicamente humana do mundo.

---

[36] ROUCOUNAS, Emmanuel. Facteurs privés et droit international public. *In*: RECUEIL des cours, Collected Courses – RCADI. Boston: Nijhoff, 2002. v. 299, p. 9-420. Partie I, ch. V - Les acteurs qui se réclament de la 'société civile internationale', p. 97-103, cit. p. 97-98: "a presença de forças sociais não estatais é assegurada pela escalada espetacular da 'sociedade civil', com a observação suplementar de que nós assistimos, passado algum tempo, à formação de uma 'sociedade civil internacional' (ou, de preferência, *transnacional*), que, depois dos acontecimentos políticos na Europa de 1989, recebe mesmo a qualificação de global. Mas é preciso reiterar, aqui, que a sociedade civil não é um substituto dos fatores privados no seio das sociedades, internas e internacional. Embora o conceito não tenha adquirido um sentido preciso, o fenômeno da sociedade civil conhece adesões espetaculares em várias partes do mundo. Para uns, trata-se da ideia de *construção de uma esfera pública a partir da comunidade de base*, que se exprime em paralelo com ou em oposição às instituições estabelecidas da sociedade. Para outros, trata-se de uma *organização intermediária de representação de interesses*, que se situa entre a sociedade e o Estado, num sentido pós-tocquevilleano. Sua existência se justifica pela separação que ela tende a operar (sobretudo no setor industrial) entre a política e o mercado, e sua mobilização é efetuada face às diversas crises da sociedade".
[37] KANT, Immanuel. *Idéia de uma história universal de um ponto de vista cosmopolita*. Organização de R. Terra, tradução de Rodrigo Naves e Ricardo R. Terra. São Paulo: Martins Fontes, 1986. 2. ed. 2004. Título original: *Idee zur einer allgemeinen Geschichte in weltbürglicher Absicht*.
[38] Kant, *op. cit.*, 1784, ed. 2004, p. 4.

A pós-modernidade, na busca pelos fundamentos do direito[39] em seu conjunto e, em especial, do direito internacional pós-moderno, se fará no sentido de encarar o estado presente do mundo, em que o uso da força e o peso da política de poder parecem querer relegar o direito internacional pós-moderno a um papel secundário, e no intuito de pôr em boa e devida forma as mudanças realizadas *ex post facto*. Depois da sua imposição pela força, o direito internacional pós-moderno teria apenas a função notarial de registrar aquilo que foi estabelecido alhures.[40]

Concluímos ainda com Kant (1784): "Como o filósofo não pode pressupor nos homens e seus jogos, tomados em seu conjunto, nenhum propósito racional próprio, ele não tem outra saída senão tentar descobrir, neste curso absurdo das coisas humanas, um propósito da natureza que possibilite todavia uma história segundo um determinado plano da natureza, para criaturas que procedem sem um plano próprio. Queremos ver se conseguimos encontrar um fio condutor para tal história, e deixar ao encargo da natureza gerar o homem que esteja em condição de escrevê-la, segundo esse fio condutor".[41]

Eu acrescentaria, se não for abuso: talvez seja uma mulher quem terá condições de escrevê-la segundo esse fio condutor. Seria a senhora a suportar esse pesado fardo? Eu lhe agradeço a oportunidade desse diálogo que nos foi oferecida.

Paulo Borba Casella
Doutor, Pós-Doutor e Livre-Docente em Direito Internacional.
Professor Titular da cadeira de Direito Internacional Público e
Chefe do Departamento de Direito Internacional e Comparado
da Universidade de São Paulo (USP).

---

[39] ARNAUD, André-Jean. *O direito entre modernidade e globalização*: lições de filosofia do direito e do Estado. Tradução de Patrice Charles Wuillaume. Rio de Janeiro: Renovar, 1999. Esp. lição 6 - Da globalização ao pós-modernismo em direito, p. 195-234, cit. p. 195: "Se tentarmos prolongar a reflexão sobre a globalização em termos de pensamento jurídico, nos depararemos com a problemática do pós-modernismo em direito".

[40] Sem prejuízo que se considere e se estude, do ponto de vista do direito internacional, a atividade notarial, conforme desenvolve Georges A. L. Droz (L'activité notariale internationale. *In*: RECUEIL des cours, Collected Courses – RCADI. Boston: Nijhoff, 1999. v. 280, p. 9-134).

[41] Kant, *op. cit.*, 1784, ed. 2004, p. 4-5.

Esta obra foi composta em fonte Palatino Linotype, corpo 10
e impressa em papel Offset 75g (miolo) e Supremo 250g (capa)
pela Laser Plus Gráfica, em Belo Horizonte/MG.